大
方
sight

千山万水

中国申遗故事

吕舟 等 著

中信出版集团｜北京

图书在版编目（CIP）数据

千山万水：中国申遗故事 / 吕舟等著 . -- 北京：
中信出版社, 2025.8. -- ISBN 978-7-5217-7820-5
Ⅰ . K203
中国国家版本馆 CIP 数据核字第 2025DB5713 号

千山万水——中国申遗故事

著者： 吕舟 等
出版发行：中信出版集团股份有限公司
　　　　（北京市朝阳区东三环北路 27 号嘉铭中心　邮编　100020）
承印者： 北京利丰雅高长城印刷有限公司

开本：787mm×1092mm　1/16　　印张：19
字数：270 千字　　　　　　　　　插页：8
版次：2025 年 8 月第 1 版　　　　印次：2025 年 8 月第 1 次印刷
书号：ISBN 978-7-5217-7820-5
定价：128.00 元

版权所有·侵权必究
如有印刷、装订问题，本公司负责调换。
服务热线：400-600-8099
投稿邮箱：author@citicpub.com

纪念
中国加入
《世界遗产公约》
40周年

目录

绪论　走进世界遗产 讲好中国故事　　　　　吕 舟　　　*1*

1987
长城
壮丽的建筑奇迹
董耀会
16

1996
乐山大佛
佛是一座山，山是一尊佛
吕 宁
38

1996
庐山
多元共融的文化景观
陈 凯
58

1997
苏州古典园林
人类文化艺术的瑰宝
沈 亮
92

2006
殷墟
中国信史起点的世界意义
李熠旸　钟 雯
124

2014
大运河
流淌的大地史诗
周新华
146

2016
花山岩画
世界上最大的崖壁画卷
朱秋平
168

2017
鼓浪屿
全球公民精神的重要课堂
郭语涵
198

2019
良渚
被誉为文明圣地的世界遗产
赵　晔
218

2023
景迈山
全球首个茶主题世界遗产
辛　欣
242

2024
北京中轴线
纵贯古今的城市脊梁
郑楚晗
266

图源　　　　　　　　　　　　　　　　　　　　　*289*

出版后记　　　　　　　　　　　　　　　　　　　*295*

绪论

走进世界遗产 讲好中国故事

吕 舟

清华大学建筑学院国家遗产中心主任

一、世界遗产是什么？

世界遗产是全人类公认的具有突出的全球性价值的文化及自然遗产，它们为我们提供了理解人类文明起源与发展历程的窗口。世界遗产见证了人类文明的发展，其内涵关乎人类的自我认知：我们的身份是什么，我们如何在地球这样一个共同的家园中生存，以及我们是如何发展并达到当前的文明水平的。

世界遗产的概念源于1972年，联合国教科文组织响应联合国的号召，通过了《保护世界文化和自然遗产公约》(以下简称《世界遗产公约》)。该公约要求建立《世界遗产名录》，收录那些具有显著全球价值（术语称为突出的普遍价值）的遗产。这些遗产的独特性和重要性使得它们成为人类共同保护的对象。除《世界遗产名录》之外，《世界遗产公约》还制定了另一个名录，专门记录那些已经被列为世界遗产但面临诸多威胁、处于濒危状态的遗产项目，这一名录被称为《濒危世界遗产名录》。

"世界遗产是先人遗留给后世的宝贵馈赠，它不仅是现代人生活的文化载体与自然环境基础，更是我们计划传承给未来世代的珍贵财富。文化和自然遗产，作为我们生命中不可或缺的部分，持续激发着无尽的灵感与创造力。"这是联合国教科文组织对世界遗产所做出的深刻定义。

世界遗产概念的独特之处在于其全球性的视野。这些遗产超越了国界与领土的限制，被视为全人类共同的财产。它构建了一个基于人类共同生活、共享共有资源的全球共同体理念。换言之，世界遗产是所有人类成员共有的宝贵资源，我们无论身处何方，都应对其怀有敬畏之心，并承担起保护的责任。

《世界遗产公约》和世界遗产的诞生

《世界遗产公约》明确指出，保护那些无论归属于任何国家人民的罕见且无法替代的财产，对于全人类而言均具有重大意义。因此，世界遗产成了国际社会共同关注与保护的焦点。

事实上，对于世界遗产的重视与保护意识，早在《世界遗产公约》正式出台之前便已萌芽。人们认识到，众多极具价值的历史遗存，需要国际社会团结一致，共同承担起保护的责任。

1960年，应埃及政府之邀，联合国教科文组织组织了一场针对尼罗河阿斯旺水坝建设可能淹没努比亚地区重要遗产（如阿布辛贝勒阿蒙神庙）的紧急行动。这一事件促使多国协调合作，共同协助埃及保护这些珍贵遗产，留下了宝贵的合作保护历史记录。而对埃及遗产的保护行动并非孤例，1966年11月，意大利威尼斯遭遇严重水灾，大片历史城区被淹，这一事件再次将世界遗产保护问题推向了全球视野，引发了国际社会对威尼斯乃至更多具有全球性价值的遗产的保护。20世纪70年代，联合国教科文组织不仅成功保护了巴基斯坦境内一处约公元前3000年的古老遗迹——摩亨佐·达罗考古遗址，还于70年代中期对印度尼西亚的婆罗浮屠这一重要佛教文化遗产进行了修复与保护。这些行动充分展示了国际社会在遗产保护领域的合作与努力。这一时期伴随着人类社会经济的高速发展，生态、能源、环境等问题也成了人类无法回避的挑战。这些保护实践，以及人类面临的挑战，构成了《世界遗产公约》诞生的基础。

1972年，联合国教科文组织在其第十七届全体大会上，正式通过了《世界遗产公约》。该公约强调了部分文化或自然遗产因其突出的重要性，应被视为全人类共同的遗产加以保护。这一理念与"人类命运共同体"的概念相契合，强调面对遗产保护面临的新威胁与挑战，国际社会有责任通过集体性援助，共同守护具有突出普遍价值的文化和自然遗产。鉴于单一国家力量的局限性，国际合作成为保护行为的有效补充，而公约的形式则赋予了这一合作以国际法的基础，确保了其法律效应。

如何成为世界遗产？

从《世界遗产公约》的视角出发，遗产被划分为文化遗产与自然遗产两大类。文化遗产包括纪念物、建筑群及场所，它们需从历史、艺术或科学的角度展现出突出的世界性价值。具体而言，纪念物涵盖了具有考古意义的建筑、碑刻、铭文、洞窟等；建筑群则强调其建筑式样、布局或与环境的和谐融合；场所则是指具有历史审美或人类学价值的人类工程、自然与人联合工程及考古遗址。自然遗产指从审美或科学角度看，具有突出的世界性价值的自然面貌、地质和自然地理结构，以及天然名胜或自然区域。

目前为止，《世界遗产公约》的缔约国数量已增至196个，绝大多数国家均参与其中。公约规定，由全体缔约国基于地区平衡的原则推选出21个缔约国作为代表成立世界遗产委员会，代表全体缔约国就世界遗产事务进行决策。为保证更广泛的代表性，目前委员会成员任期为四年，以促进更多国家的参与。

由于《世界遗产公约》涉及对遗产的专业性保护和管理，公约指定了三个专业机构提供技术支持与咨询服务。国际古迹遗址理事会（ICOMOS）作为非政府组织，汇聚了全球古迹遗址保护领域的专家，负责世界遗产中与文化遗产相关的评估、保护工作；国际文化财产保护与修复研究中心

（ICCROM）是政府间机构，负责培训、能力建设及技术开发；而国际自然保护联盟（IUCN）则在自然遗产保护方面发挥着重要作用，庞大的组织结构与复杂的性质确保了其在该领域的专业性与影响力。这三个机构共同构成了世界遗产保护的技术支撑体系。

为服务于世界遗产委员会和各缔约国，教科文组织在其工作框架中建立了世界遗产中心。它既是教科文组织的下设机构，也是世界遗产委员会的秘书处。世界遗产的运行体系由管理机构（即世界遗产委员会）、秘书处（世界遗产中心，同时保持了公约与教科文组织的密切联系）和专业咨询机构共同构成，三者之间形成了紧密的关系，共同推动世界遗产的保护与发展。

1975年公约正式生效。次年，世界遗产委员会成立，并于1978年开始公布《世界遗产名录》，首批名录中共有12处遗产入选。截至2024年7月，全球已有1 223处遗产，包括952处文化遗产、231处自然遗产及40处混合遗产（该类遗产同时符合文化遗产和自然遗产的相关标准）被列入世界遗产名录。

目前，全球共有196个缔约国，而现有世界遗产则分布于168个缔约国之中，这意味着仍有二十几个缔约国尚未拥有世界遗产。因此，在申报世界遗产时，通常会向这些国家倾斜，以促进世界遗产的均衡分布。在评估过程中，对于尚未拥有世界遗产的缔约国所提交的申请，往往会给予一定的宽容与理解。

每年，世界遗产中心都会发布一张包含所有世界遗产的地图，以直观展示遗产的分布情况，该地图基于每年召开的委员会大会所公布的新增世界遗产名录进行更新，所有关于世界遗产的工作均遵循《实施〈世界遗产公约〉的操作指南》所规定的程序与内容执行。该指南大约每两年修订一次，以适应人们对世界遗产保护要求不断提升的需求，确保世界遗产保护工作的持续性与适应性。

世界遗产的价值认定和保护要求

关于世界遗产的评定标准，共设有十条：

第一条标准强调遗产是否代表了人类天才的创造性杰作，这是对文化遗产艺术性和独创性的高度认可。

第二条标准则关注遗产是否能在特定时期或文化区域内反映人类价值观的交流，这种交流在建筑、规划、景观等方面得以体现，并对后世产生了重大影响。

第三条标准考量遗产是否能作为已消逝或仍延续的文明、文化传统的独特或重要见证，强调了遗产在时间轴上的连续性和独特性。

第四条标准指出遗产需为某一类型建筑、城镇规划或景观的杰出范例，能够反映人类历史上的重要时期，凸显了遗产在特定历史背景下的典型性和代表性。

第五条标准针对传统人类居住地、聚落或土地使用方式的杰出范例，要求能代表一种或多种文化及人类与环境的互动关系，特别是可持续利用自然资源的实践。

第六条标准关联遗产与具有突出普遍意义的事件、活传统、信仰、艺术或文学作品之间的直接和有形联系，体现了遗产在文化传承与表达中的核心作用。

接下来的四条标准则侧重于自然遗产的评估。

第七条标准判断遗产是否为绝妙的自然现象或具有罕见自然美和美学价值的地区，强调自然遗产的独特美学价值。

第八条标准考察遗产是否展现了地球演化史的重要阶段，突出了自然遗产在地球科学研究和教育中的意义。

第九条标准关注遗产在陆地、淡水、海岸等生态系统中的代表性，如我国已被列入世界遗产的黄渤海滩涂地区，作为候鸟迁徙的重要栖息地，即体现了此标准的重要性。

第十条标准则要求遗产反映生物多样性，且保护状况良好，原址保护是核心要求，强调了自然遗产生态完整性和保护管理的重要性。

综上所述，申报世界遗产的项目需至少符合上述十条标准中的一条，并满足真实性、完整性和良好保护状况这三个基本要求。真实性要求遗产为历史遗存的原貌，而非现代复制品；完整性则涵盖遗产价值的全面体现，历史演变过程的完整记录，以及遗产范围的广度足以抵御外界负面影响；良好保护状况则是遗产持续存在并发挥其价值的必要条件。这三者共同构成了世界遗产评选的基石。同时，针对类似遗产的比较研究，则证明了申报的遗产是否具有独特性，对于理解和认识这一遗产同样具有重要的意义。

值得注意的是，若某遗产对象虽具备高度价值与真实性、完整性，但保护状况堪忧，如因地震等自然灾害遭受严重破坏，面临毁灭性威胁，可依据紧急程序直接列入《濒危世界遗产名录》。例如，伊朗的巴姆古城在地震后损毁严重，便作为紧急项目被列入《世界遗产名录》，并获得了世界遗产基金的资助，以支持其逐步恢复与保护。

二、世界遗产反映的人类文明

世界遗产证明了人类的起源、进化与早期信仰

从人类文明的角度出发，世界遗产作为物质见证，证明了人类起源与早期文明的发展。南非的原始人类化石遗址为我们提供了重要线索，其中发现的"汤恩男孩"遗骸，作为南方古猿的非洲种代表，证明了人类早期直立行走的历史，距今已有280万—260万年。同样，距今70万—20万年的中国周口店北京人遗址也是人类学研究的重要里程碑，其发现对于理解人类进化历程具有重大意义，因此于1987年被列入《世界遗产名录》。此外，全球范围内还有许多类似的遗址，如印度尼西亚的桑依兰早期人类遗址，共同揭示了人类从古猿到直立人逐步进化的历程。这些珍贵的发现不仅丰富了我们对人类起源的认识，也为我们理解人类文明的发展提供了宝贵的实物资料。

世界遗产还为我们揭示了众多引人入胜的人类早期信仰实例。以澳大利亚的乌鲁鲁（亦称艾尔斯岩）为例，它最初于1987年被列为世界自然遗产，因其独特的地貌（矗立于广袤的半沙漠荒原之中），吸引了大量游客攀登。

然而，这一行为却引发了当地土著人民的强烈反感，他们认为这块岩石具有神圣意义。随着全球对土著人民权利问题的日益关注，乌鲁鲁的遗产价值得到了重新审视，并于1994年增加了文化遗产的价值（具体符合文化标准的第五条和第六条），从而转变为混合遗产。这一转变不仅体现了对土著人民信仰的尊重，也展示了人类早期信仰的多样性与独特性。

与之类似，新西兰的汤加里罗国家公园作为火山地区，对毛利人而言同样具有深厚的信仰意义。而2021年列入世界遗产的日本北部绳纹遗迹群，则是一处包含17处考古遗址的史前遗存，距今已有约13 000年的历史。这些遗址中的石环、石块堆等遗存形式，以及山岳崇拜、火山祭祀等文化现象，均反映了当时居民的信仰体系与文明萌芽。此外，肯尼亚的明基肯达森林和津巴布韦的马伯托山也是值得关注的案例。前者自16世纪以来被视为祖先的居所，成为神圣的祭祀场所；后者则因独特的花岗岩地貌和丰富的岩画而成为信仰中心。这些案例共同展示了自然崇拜与信仰在全球范围内的普遍性及其在世界遗产中的体现。

值得一提的是，石环这一符号在全球范围内广泛存在，英国的索尔兹伯里巨石阵便是其中的杰出代表。而在非洲，塞内加尔与冈比亚共享的跨国遗产石圈组群，更是展现了这一信仰符号的复杂系统与深厚底蕴。这些遗存不仅反映了人类对于天圆地方等宇宙观念的共同认知，也为我们理解不同文明之间的交流与融合提供了宝贵线索。

世界遗产见证了文明的开端与发展

从文明发端的角度来看，幼发拉底河与底格里斯河流域（即两河流域）被广泛认为是人类文明的摇篮之一。伊拉克境内的乌尔山岳台、亚述古城遗址及巴比伦文明遗存等，均见证了这一地区悠久的历史与灿烂的文化。当我们置身于这些世界遗产之中时，仿佛在与数千年的文明进行对话与交流，感受着人类智慧与创造力的伟大传承。

在讨论世界文明的发展历程时，两河流域与埃及的璀璨文明不容忽视，而爱琴海地区，特别是希腊及其周边岛屿，同样孕育了极为重要的文明现象。古希腊文明在其后续发展中展现出蓬勃的生命力，其影响力跨越时空，至今仍熠熠生辉。

审视世界遗产时，有两个关键的时间节点尤为引人深思：一是公元前3000年左右，这一时期标志着早期文明的蓬勃兴起，包括中国的良渚文化、两河流域、埃及，以及古希腊克里特岛等地的文明均在这一时期崭露头角，展现出各自独特的辉煌。巴基斯坦的摩亨佐·达罗考古遗址同样彰显了这一时期的文明辉煌，其土坯砖建筑、完善的城市布局，展示了古代印度河流域文明的高度发达。而中国的良渚遗址，作为公元前3300—前2300年间的文明曙光，亦被列入《世界遗产名录》，见证了中华文明5 000年的悠久历史。另一重要时段则大致落在公元前1700—前1400年，这又是一个文明蓬勃发展的时期。在中国，这对应于商代文明的繁荣；而在古希腊，迈锡尼等文明亦在这一阶段取得了显著进展。这一时期见证了人类历史上文明的多次重大飞跃与爆发。这些遗存也都是《世界遗产名录》中反映人类文明发展的重要组成部分。

当深入探讨中华文明时，我们不难发现，那是一个"满天星斗"的时代，众多文明如繁星般点缀在历史长河中，等待着我们去进一步发掘与探索。商朝的殷墟遗址、古蜀文明的宝墩、三星堆、金沙等遗迹，均属于这一时期的文化瑰宝，它们共同构建了中华文明丰富多彩的历史画卷。

将目光转向欧洲，公元前500年，古希腊文明达到了其鼎盛时期，与此同时，亚洲大陆的波斯文明也在迅速崛起，两者之间的交流与冲突成了历史的重要篇章，如大流士与薛西斯等波斯帝王与希腊之间的战争，被众多影视作品所演绎，成为永恒的经典。当希腊文明逐渐过渡到罗马文明，形成了地中海文明的基石。在意大利南部等地，仍保留着丰富的古希腊遗迹与乡村聚落，见证了这一文明传承的轨迹。而罗马文明在继承希腊文明的基础上，发展出独特的自身特色，建立了庞大的帝国。罗马帝国时期与中国的汉朝相呼应，东西方两大文明之间的交流，特别是丝绸之路的开通，极大地促进了沿线文化的对话与交流，共同编织了人类文明史上的辉煌篇章。

人类文明的发展并不仅限于欧亚大陆，美洲与非洲同样见证了文明的辉煌。墨西哥的特奥提瓦坎遗址，其时间跨度涵盖1—7世纪，展现了美洲文明的独特魅力。15世纪秘鲁的马丘比丘古城遗址是南美古代文明的重要代表。非洲利比亚的加达梅斯古镇，其独特的三角形墙体设计，不仅与沙特阿拉伯的遗产有相似之处，还反映了阿拉伯社会的传统习俗与文化特色，展现了加达梅斯的社会结构，不同性别通过城镇空间进行区隔，使男性与女性分别处于平行的空间当中，更是展现了独特的文化现象。而大津巴布韦遗址，作为11—15世纪非洲文明的重要见证，展示了该地区的辉煌历史。进入17世纪，贝宁的阿波美皇宫则以其独特的文化特征，进一步丰富了非洲文明的面貌。

世界遗产呈现人类文明的多元与融合

人类文明的发展过程中，信仰始终是重要的一环。以基督教为例，巴勒斯坦境内的重要遗产伯利恒的主诞堂，作为耶稣的诞生地，承载着深厚的宗教意义；耶路撒冷是耶稣受难之地，同样具有极高的历史与宗教价值，他们一同被列为世界遗产。

佛教作为亚洲的重要信仰，其创始人释迦牟尼的诞生地尼泊尔蓝毗尼，同样被认定为世界遗产。今日，那棵象征着释迦牟尼诞生的大树依旧矗立，吸引着无数信徒前来参悟。佛教的传播不仅深刻影响了印度，还逐渐扩展至周边地区，其中印度的桑吉佛教遗址，特别是桑吉大塔，成为佛教建筑艺术的典范，其形态被后世称为"窣堵坡"，对佛教建筑的发展产生了深远影响。印度的阿旃陀石窟则是佛教艺术的高峰，其创作时间可追溯至前2世纪—公元1世纪，展现了高超的艺术造诣。

随着佛教的传播，其建筑形式在中国也经历了本土化演变，从楼阁式塔到喇嘛塔，展现了不同文化间的交流与融合。佛教于汉代传入中国，乐山大佛背后的麻浩崖墓便是早期佛教在中国传播的见证。麻浩崖墓上的佛像，作为中国现存较早的佛教造像，具有极高的历史价值。而云冈石窟则进一步展示了佛教艺术在中国的本土化进程，其造像风格虽源于印度，但已融入中国元素。佛教不仅在中国深深扎根，还通过朝鲜半岛及海上丝绸之路传播至日本，如奈良的法隆寺，展现了佛教传播的轨迹。

从建筑视角来看，古人亦留下了许多珍贵的遗产。伊斯坦布尔的圣索菲亚教堂无疑是该时期最为杰出的建筑代表之一。而威尼斯的圣马可教堂也是该时代建筑的瑰宝，同样展现了拜占庭风格的独特魅力。随着历史进入哥特时代，备受关注的巴黎圣母院与法国的亚眠大教堂等建筑杰作相继涌现，它们共同构成了 12—13 世纪哥特建筑的辉煌篇章。而在印度次大陆，莫卧儿王朝的文化遗产，如阿格拉古堡与泰姬陵，展现了该时期建筑艺术的极致与文化的繁荣。这些建筑不仅体现了人类创造性的杰作，也见证了莫卧儿王朝对印度次大陆广泛而深远的影响。

在文化的交流与融合方面，商贸活动扮演了重要的角色。北非-西亚地区一直有着密切的交流。沙特阿拉伯的赫格拉考古遗址，则揭示了古代商贸线路对文化交流的重要性，其建筑形态融合了多种文明特色，是文化交流的生动例证。约旦的佩特拉古城，作为香料之路上的重要节点，其建筑同样体现了腓尼基与古希腊文化的融合，进一步证明了商贸活动在促进文化交流中的关键作用。

将目光转向东方，海上丝绸之路在文化交流的版图中同样占据着举足轻重的地位。泉州，作为这条海上丝绸之路上的璀璨明珠，2021 年成功被列入《世界遗产名录》。在泉州，商贸的繁荣促进了不同信仰的汇聚与融合，从波斯摩尼教的独特造像到中国传统的太上老君雕像，再到伊斯兰教的遗存，无不彰显着这座城市的文化多样性。作为商贸中心，泉州还保留了大量与海上航行和货物运输相关的历史遗迹。以"南海一号"沉船为例，这艘南宋时期的商船虽在广东海域不幸沉没，但其打捞出水的几十万件瓷器中有大量瓷器来自泉州。泉州不仅见证了海上丝绸之路的繁荣，也揭示了当时全球贸易的广泛联系。

在欧洲，西班牙 15 世纪建造的瓦伦西亚丝绸交易厅不仅是当时欧洲丝绸贸易的重要见证,还承载着丰富的文化传统,如法雅节。节日期间,人们身着丝绸盛装游行,展示各种形态的人偶和动物造型,最终将代表魔鬼的物品付之一炬,以此庆祝节日的到来。此外,威尼斯的繁荣与海上贸易的紧密关联亦不容忽视。16世纪威尼斯画派画家贝利尼的作品《诸神之宴》中,青花瓷的频繁出现不仅彰显了威尼斯作为贸易枢纽的地位,也深刻反映了当时全球贸易的广泛与深入。这一贸易现象背后,是文化的深度交流与融合。

15世纪起,欧洲文艺复兴的浪潮席卷而来,科学文化迎来了前所未有的大爆发。达·芬奇、米开朗琪罗、拉斐尔等巨匠的涌现,他们的绘画、雕塑,特别是圣彼得大教堂等杰出作品都成为这一时代的标志性成就。文艺复兴不仅推动了艺术与文化的发展,也为大航海时代的到来奠定了基础。地理大发现、新世界的探索,以及随之而来的资本扩张,都深刻地改变了世界格局。

然而,伴随着全球贸易时代的到来,黑奴贸易成为人类文明的一段血泪史,其遗迹如16世纪塞内加尔的格雷岛和19世纪巴西的瓦伦格码头,被列入《世界遗产名录》,成为这段历史的见证。与此同时,欧洲航海家的探索也促进了文化的交流与融合。在印度果阿、马来西亚马六甲、菲律宾维甘及中国澳门等地,葡萄牙、西班牙等国的建筑风格与当地文化相互融合,形成了独特的文化景观。这些遗迹是这一时代文化传播、交流的鸿爪雪泥。

世界遗产反映了人类多样的生产与生活方式

从安道尔的牧场文化到法国的葡萄酒产区,从印度尼西亚巴厘岛的稻作文化到哥伦比亚的咖啡景观,这些遗产不仅展示了各地的自然风貌与人文特色,也揭示了人类在不同地域、不同文化背景下所创造出的独特生活方式与文化遗产。

工业革命作为人类历史上的重要转折点,其遗存如英国的乔治铁桥区、卡莱纳冯工业区景观等,也被列入了《世界遗产名录》。这些工业遗产不仅见证了人类生产力的巨大飞跃,也为我们理解工业革命对人类社会的影响提供了宝贵的实物资料。此外,德国的弗林根钢铁厂同样作为工业时代的标志,反映了人类社会在技术革新与工业生产方面的不懈追求。

进入20世纪，随着现代主义建筑的兴起，格罗皮乌斯、密斯·凡·德罗、赖特、柯布西耶等人的建筑作品，反映了时代的需求，揭开了现代主义建筑的帷幕。世界遗产中的20世纪建筑遗产，反映了在新的时代中建筑师们表现出的巨大创造力，悉尼歌剧院这一当代建筑杰作，就展现了这一时代人类的创造性建筑思维。

将这些世界遗产串联起来，它们共同构建了一部人类从史前时代到当代的文明发展史。这些遗产不仅是物质文化的遗产，更是人类智慧、艺术、技术和社会变迁的生动记录。通过它们，我们可以清晰地看到人类文明形态的演变过程，认识到世界遗产在理解人类文明历史与文化方面的重要价值。

三、中国与世界遗产

中国于1985年加入《世界遗产公约》。在此之后，中国积极参与了《世界遗产公约》的各项活动，积极履行国际义务，并将遗产保护上升为国家政策的重要组成部分。截至2024年，中国已拥有59处世界遗产，包括40处文化遗产、15项自然遗产及4项混合遗产，彰显了中华文明悠久的历史与丰富的多样性。中国四次担任世界遗产委员会委员国，并成功举办了两届世界遗产大会（2004年第二十八届及2021年第四十四届），这不仅是国际社会对中国遗产保护工作的高度认可，也体现了中国在全球遗产保护事业中的积极贡献与领导地位。

1987年中国首次申报世界遗产，当年共有六项遗产成功被列入《世界遗产名录》，它们分别是长城、故宫、秦始皇陵及兵马俑、泰山、莫高窟（敦煌），以及周口店北京人遗址。这些遗产在当时被视为中国最重要的历史文化遗产的代表。

中国的世界遗产讲中国故事

中国的世界遗产讲述了中华文明历史文化的故事。中国的世界遗产及预备名录上的项目共同展现了一条跨越时空的历史轴线。从旧石器时代的周口店北京人遗址，到新石器时代的良渚遗址，以及预备名录中的红山文化（包括牛河梁遗址）等，共同描绘了一幅史前文明"满天星斗"的璀璨画卷。

殷墟展现夏、商、周三代中商代的文化特征，秦始皇陵则反映了中国进入统一王朝时代壮阔的历史过程。丝绸之路与长城等项目勾勒了自汉代一直延续到明代的文化交融，这种文化的交融，孕育、发展了中华文明精神的重要特质。南北朝至隋唐，云冈石窟、龙门石窟及敦煌莫高窟等，不仅展现了佛教艺术的东渐与本土化过程，也见证了不同文化间的交流与融合。宋、元、明、清各代，从宋代的大足石刻到元代的元上都遗址，再到明清时期的北京中轴线及十三陵等，均以其独特的魅力丰富了世界遗产的宝库。近代以来，如澳门历史城区、鼓浪屿：历史国际社区等遗产的加入，更是为讲述中国近现代史提供了宝贵素材。

值得注意的是，除了已列入《世界遗产名录》的项目外，中国还有多达61个项目处于预备名单之上。而实际上，中国还拥有更多有潜力申报世界遗产的项目。

世界遗产不仅是中国历史的见证，更是中国文化多样性的生动体现。从儒家的核心价值观到佛教的广泛传播，再到道教的深远影响，三孔（孔庙、孔林、孔府）、五台山、青城山、武当山等遗产地均展现了儒释道文化的深厚底蕴及其在中国社会中的和谐共存。这些遗产地还通过具体实物，如明代铜塔上的儒释道三教合一雕像，以及建筑风格的融合，生动反映了中国文化的多样性和包容性特质。

承德避暑山庄、颐和园展现了中国古代皇家文化的恢宏壮阔；苏州古典园林等遗产展现了中国传统文人园林的精致与士大夫阶层的精神追求；而皖南村落、平遥古城、福建土楼、开平碉楼等则以其独特的地域文化和建筑风格，展现了中国地方文化的多样性。这些遗产地不仅承载着各自独特的历史

13

记忆，更共同编织出一幅丰富多彩的中华文化图景。

值得一提的是，一些具有特殊概念意义的遗产地，如登封"天地之中"古建筑群，通过其独特的地理位置和丰富的历史文化内涵，表达了中国古人对宇宙秩序和天人合一理念的深刻理解；而土司遗址的申报成功，则填补了世界遗产体系中关于中国西南少数民族地区土司制度的空白；还有左江花山岩画文化景观展示出独特的景观和岩石艺术，生动地表现出当地古骆越人的精神和社会生活，进一步丰富了世界文化遗产的多样性。这些遗产地的成功申报，不仅是对其历史文化价值的肯定，更是对中华文化多样性和独特性的高度认可。

红河哈尼梯田文化景观于2013年列入《世界遗产名录》，其壮丽景象令人叹为观止，是中国稻作文化的重要象征。无论是杭州西湖文化景观"水光潋滟晴方好，山色空蒙雨亦奇"的山水意境，还是庐山国家公园"飞流直下三千尺，疑是银河落九天"的雄浑气势，都是中华民族传统美学的外化，丰富着人类对美的感受与认知，这些遗产项目折射出中华文明独特的审美特质。

杭州西湖不仅映射了中华民族的传统审美意趣，更体现了古代中国卓越的工程智慧。回溯至2 000多年前，古人以非凡的智慧，不依赖巨型构筑，而是通过精妙的水利分配系统所创建的都江堰，成功滋养了成都平原，使之成为名副其实的"天府之国"，这一成就同样通过《世界遗产名录》展现在世人面前。大运河，作为沟通中国南北的动脉，在农业时代扮演着至关重要的角色，其建造技术不仅赢得了世界的高度赞誉，更深层次地促进了中国南北方地域文化的交流与融合。

2024年的新晋世界遗产北京中轴线——中国理想都城秩序的杰作，其列入《世界遗产名录》的过程，正是对构建历史文化保护传承体系的探索。北京中轴线将15个遗产构成要素在空间和时间的维度形成整体，共同向世界呈现了一个古今交融的中华文明连续性的故事。同时，北京中轴线的申报也是一个国际交流、对话的过程，深入广泛的国际交流，促进了国际社会对北京中轴线见证中华文明延续性的理解,这不仅使北京中轴线得到了各世界遗产委员会成员国的支持顺利列入《世界遗产名录》,使之成为世界理解、认识中国历史文化的重要载体,而且还为中国在世界遗产领域加强国际合作进行了有效的实践。

谈及中国对世界的贡献,茶叶无疑占据着举足轻重的地位,普洱景迈山古茶林在全球茶文化史上的意义不容小觑。同样,中国陶瓷,尤其是景德镇御窑所代表的瓷器艺术,达到了制瓷业的巅峰水平,对全球陶瓷艺术产生了深远影响,目前也已被列入《世界遗产预备名录》。

从已列入世界遗产的项目到预备名录上的候选者,这些项目共同构筑了人类文明的多彩画卷,展现了中华文明的独特魅力与全球价值。简而言之,世界遗产是人类文明的璀璨结晶,其不可替代的突出普遍价值,是联结过去与未来的精神纽带,也是人类探索世界、理解历史的重要途径。

在当今社会,世界遗产还承载着促进可持续发展的重任。中国在世界遗产申报过程中,亦积极考量其对地方社会经济可持续发展的贡献,力求通过遗产保护促进文化传承与经济社会发展的和谐共生。

总体而言,中国的世界遗产申报和保护工作,旨在构建一幅全面反映中华文明5 000年发展历程与文化多样性的宏伟画卷。希望通过本书,读者能对世界遗产,特别是中国的世界遗产产生更加深入、全面的认知与理解。

长城

壮丽的建筑奇迹

董耀会

中国长城文化研究中心主任、燕山大学教授

1987

长城是中国体量最大、分布最广的文化遗产，也是人类历史上最壮丽的建筑奇迹和文化景观。作为中华民族精神的象征，长城承载了中华民族的精神价值，是中华文明史和中华各民族融合发展历程中的里程碑。1984 年 7—9 月，党和国家领导人为"爱我中华，修我长城"活动题词，推动了保护长城的认识和工作。1984 年 5 月至 1985 年 9 月，笔者和同伴一起历时 508 天徒步考察了明代长城。

> **长城**
>
> 列入时间：1987 年
>
> 列入标准：(i)(ii)(iii)(iv)(vi)
>
> 遗产分布：黑龙江省、辽宁省、吉林省、河北省、河南省、北京市、天津市、山西省、山东省、内蒙古自治区、陕西省、宁夏回族自治区、甘肃省、青海省、新疆维吾尔自治区

一、中国的万里长城

连续 2 000 多年修建长城

长城是中国古代建造的由连续性墙体及配套的关隘、城堡、烽燧等构成体系的巨型军事防御工程，以构建农牧交错地带农耕与游牧经济之间的秩序。历史上不同时期对长城有很多不同的称谓，比如：边墙、障塞、壕堑等。

内蒙古固阳秦始皇长城

新疆库车县克孜尔尕哈汉代烽燧

  从春秋战国起,中国人就连续2 000多年修建长城。春秋战国长城,既包括春秋时期的长城,如齐长城和楚长城,也包括战国时期齐、楚、燕、韩、赵、魏、秦等国修筑的长城。秦代将战国时期的燕、赵、秦三国在北部修建的长城连为一体并加以增修,是历史上第一条万里长城。汉承秦制,汉代利用了部分秦代的长城,并有所增修,东起辽东,西至西域,以保障丝路安全。

  北魏、北齐、隋、唐、五代、辽、宋、西夏等时代的不同政权均不同程度地修筑过长城,或修建了具备长城特征的防御体系。金长城比较特殊,既

山海关老龙头澄海楼

  有墙体又以壕沟为防御工程主体，故又被称为"金界壕"。

  人们今天看到的保存得较好的主要是明代长城，山海关、金山岭、古北口、慕田峪、八达岭、镇北台、嘉峪关都是明代长城。明长城保存相对完整、形制类型丰富，主要分布区域包括北京、天津、河北、山西、内蒙古、辽宁、陕西、甘肃、青海、宁夏10个省（自治区、直辖市）。其主线东起辽宁虎山，西至甘肃嘉峪关，在河北、山西、辽宁、陕西、甘肃、宁夏等地还出现多处分支。现存墙壕5 209段，单体建筑17 449座，关、堡1 272座，相关遗存142处；长度8 851.8千米，其中人工墙体的长度为6 259.6千米，壕

嘉峪关关城

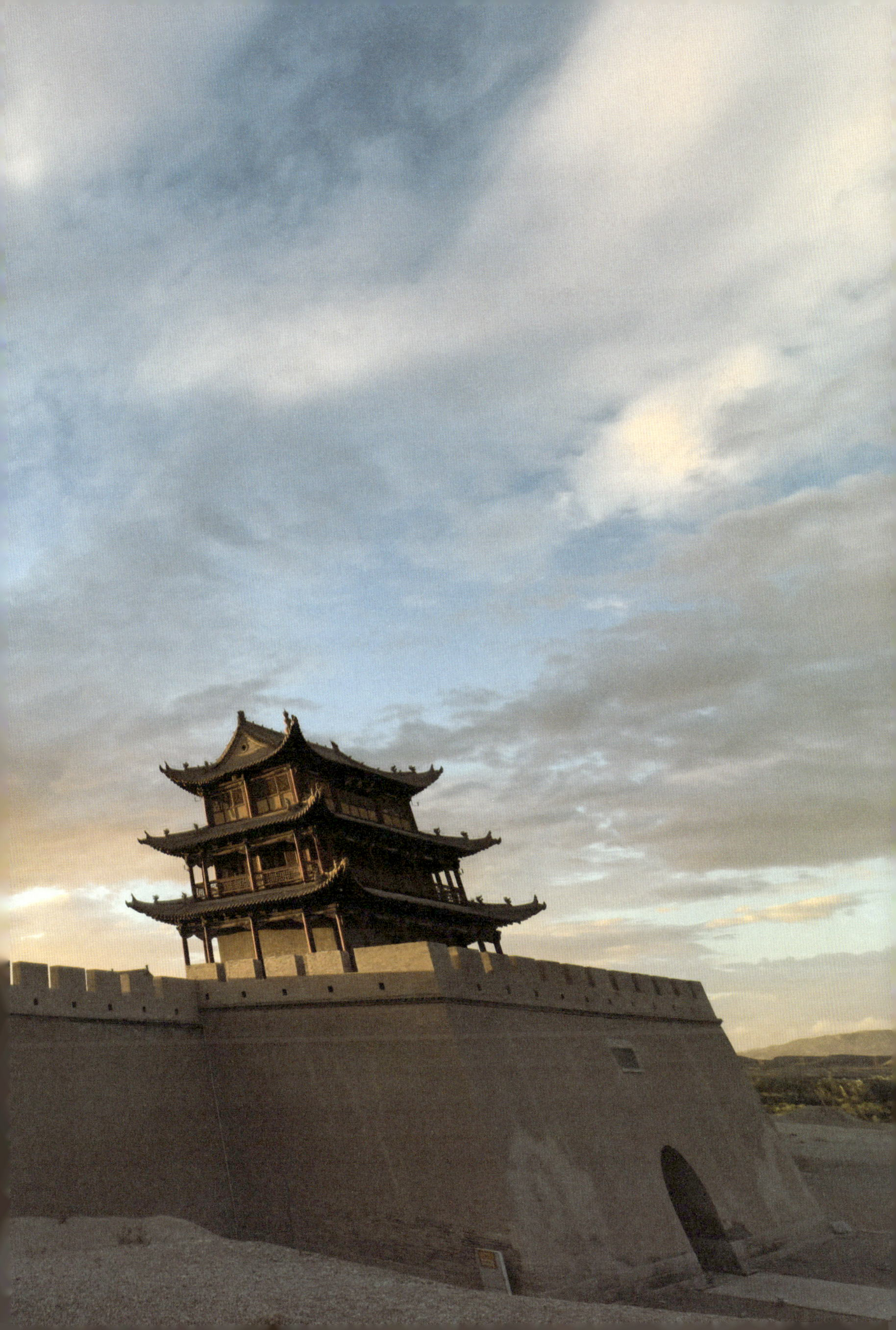

堑的长度为 359.7 千米，天然山险等的长度为 2 232.5 千米。东部地区以石砌包砖、黄土包砖或石砌为主，黄土高原及西部地区则多为夯土构筑。

长城修建所在的地理环境

中国长城修建所在的区域，主要位于东经 70°—135°、北纬 40°—42°之间。历朝历代修建的长城，主要在这个区域的南北摆动。中国长城修建的范围很广。根据 2012 年 6 月 5 日国家文物局公布的长城资源调查结果，中国的长城资源分布于北京、天津、河北、山西、内蒙古、辽宁、吉林、黑龙江、山东、河南、陕西、甘肃、青海、宁夏、新疆 15 个省（自治区、直辖市）404 个县（市、区）。现存长城遗址遗存总长度 21 196.18 千米，有各类遗存总数 43 721 处（座/段），其中墙体 10 051 段，壕堑/界壕 1 764 段，单体建筑 29 510 座，关、堡 2 211 座，其他遗存 185 处。

长城经过的区域有着平原、高原、戈壁等不同的地貌，有意思的是，长城不管修建在什么样的地貌上，都和地貌非常和谐。

牧羊今天依然是长城脚下农民的主要经济来源

长城修建所在的区域属于农牧交错地带。长城沿线的自然因素，使王朝在开拓边疆时很难在这个地区有比较大规模的、长期稳定的农耕经济发展。农耕政权和游牧政权争夺较为激烈的地方主要是半干旱地区（降水量在 200 毫米以上、400 毫米以下）。长城沿线的游牧民族绝大部分时间生活在干旱地区，那里有一些绿洲，游牧政权控制了这些绿洲，就会以这些绿洲为基地对中原出兵；中原农耕王朝政权控制了这些绿洲，就能大幅度地减少来自北方草原地区的威胁，并把这些绿洲发展成为向游牧地区开拓的基地。这些以绿洲为中心的较大地区，是农牧双方获取经济收入的战略基地，双方都不愿意放弃对其的控制权。

　　因此，中国古代 2 000 多年来一直在北方修建长城，主要是补充北部天然屏障的不足，以防御来自游牧势力的扰掠，构建农牧秩序，以减少战争。

　　气候变化是造成农业区域移动的原因之一，明长城向南移动，在很大程度上是气候变化导致农牧交错带南移的结果。

八达岭长城

长城是完整的防御体系

长城的防御体系是将戍防、屯田、烽燧、驿站相连，把墙体与城堡、关隘、烟墩等附属设施有机组合起来，形成掎角之势、彼此呼应，据此构成一个完整的军事防御体系。

戍防系统指的是长城防御的屯兵系统。长城线上的每一个屯兵聚落都与周围的军事防御工事、各级的指挥中心形成了有机的联结。不同级别的指挥中心逐级相连，并与王朝最高军事指挥系统保持着直接联系。这是一套由点到线、由线到面，分地守御、重点设防的长城屯兵系统。秦汉时期的军队便实行了屯兵戍守制度。

军屯系统是长城防御体系的一个组成部分，也是戍守边疆的一项战略措施。军屯始于秦汉时期，特别是西汉，以发展屯田为开发长城区域的第一要务。汉武帝时，凭借汉初几十年休养生息积聚的力量，逐击匈奴，在河西设置四郡，修筑长城，投入了极大的人力和物力。在军需物资负担繁重的情况下，对将士实行"没有战事的时候种地，有战事的时候打仗"的策略。这种寓兵于农、发展屯田的做法，在武帝时期得到了充分发展，为维护西域地区发展和丝绸之路畅通提供了经济上的保障。

烽火传递系统是长城防御体系的神经中枢，没有了烽火传递系统，整个防御体系都会陷于瘫痪。长城地区的古代的烽火报警体系，大致可以分为两类：一类是沿长城横向传递军事信息的烽火系统，其中也包括长城内外两侧垂直于墙体分布的纵向传递军事信息的烽火系统，为负责长城戍守的军事指挥中心传递军情；另一类是长城地区边郡之间、边郡与王朝中央之间用于军事信息传递的烽火系统。中国古代烽燧、烽火用于军事活动中，至迟在西周时期已经开始。战国时期，烽火作为信息传递工具得到了广泛的运用。

长城驿传系统是通过驿路传递邮书和物资而设置的军事交通系统。《说文解字》："驿，置骑也。"古代传递公文信息主要用车马，故供传递信息人员途中食宿、换马的场所称为驿站，又称驿传、传驿，或称置、置传、邮驿等。长城区域内的驿传交通系统由驿路城、递运所、驿站等组成。驿传交通

内蒙古自治区乌兰察布市丰镇隆盛庄烽火台

系统的这些城、所、站驻地都建有坚固的城墙，配备常设的防御兵力。长城沿线的驿传交通系统，是长城防御体系的重要组成部分，设置得十分完备。

长城作为一个防御工程，是为农耕政权统治者建立的一个内外管理体系，既有对外的管理功能，同时也有对内的管理功能。也就是说长城不只防外，也有防内的任务，这方面以往提及比较少。

长城防内的任务同样很重。首先是防止农民向外逃逸。流到长城外的财富和人员越多，对农耕王朝来说损失就越大。这些农民被纳入游牧政权的统治之下，会极大地提高游牧政权的经济和军事实力，从而对农耕政权的统治造成更大的冲击。这就迫使农耕王朝增加对长城区域军事力量的投入。

其次是阻止非官方控制的贸易往来。长城的关隘都有盘查、税收的功能，这个作用就是对长城内外实行经济控制，特别是防范走私贸易。长城内外农耕与草原经济的互补性很强，需要交流的物资品种很多，粮食就是主要的贸易物资。若对商人的趋利行为不加强管理，大量的粮食会流向草原。

古代社会始终是"以农为本"，历代都是农民占有人口的绝大多数。对于统治者来说，农民稳住了，社会就稳定、社稷江山也就稳定了。从某种意义上来说，长城关隘的盘查和收税功能，也在经济上维护了统治。

二、长城列入《世界遗产名录》

长城申遗是世界了解中国的过程

中国长城是著名的世界文化遗产。世界遗产全称为"世界文化和自然遗产"，是由联合国教科文组织确认的具有科学、审美、文化价值的人类历史遗存与自然景观。

长城是中国首批列入世界遗产的遗产地。每个中国人都知道长城很伟大，但申遗的过程并不轻松，申遗的过程在某种意义上说也是让世界认同中国的过程。

申遗的故事要从1972年说起。这一年联合国教科文组织为了保护全人

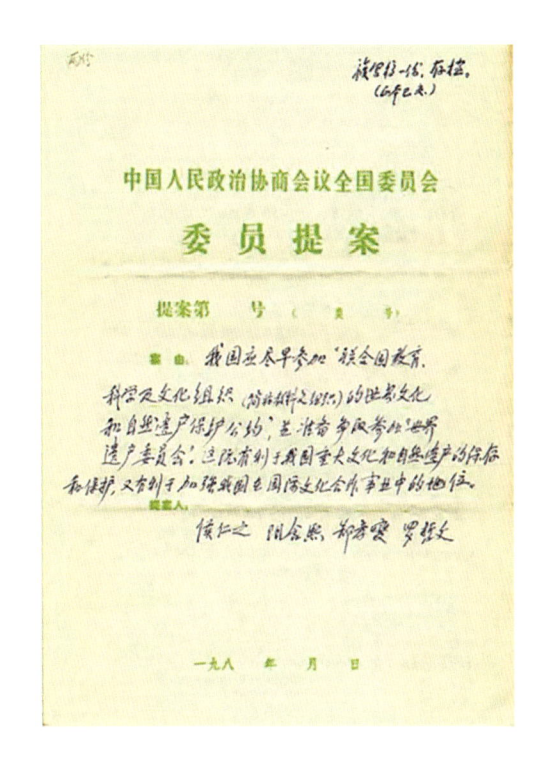

中国加入《世界遗产公约》提案

类具有突出普遍价值的文化和自然遗产，通过了《保护世界文化和自然遗产公约》（简称《世界遗产公约》）。为了保证《世界遗产公约》的实施，1976年成立了世界遗产委员会，最初的成员国有21个。

我国在很长一段时间里，就遗产保护的问题与国际上交流很少。1984年，笔者后来的导师，著名的历史地理学家侯仁之先生赴美国康奈尔大学讲学。在交流中，有人提出：中国有那么多文化遗产，应该加入《世界遗产公约》，让世界更好地认识中国。

回国后，侯仁之与生物学家阳含熙、文物保护专家罗哲文、古建筑专家郑孝燮，联名向全国政协递交了提案。议案获得第六届全国人民代表大会常务委员会第十三次会议批准。1985年12月，中国被批准正式成为《世界遗产公约》的缔约国。中国首批世界遗产申报工作拉开序幕。

如今大家可能觉得长城作为首批入选的世界遗产是理所当然的事，其实

长城列入世界文化遗产的证书

申遗之路并不轻松。最初的时候还有人不理解为什么要申遗，难道不申遗长城就不伟大了吗？相关部门做了大量的解释工作，最终，经过几个月的反复评议，长城才被确定列入我国首批申报世界遗产的清单中。

接着问题又来了，由谁来准备申报材料、如何申报呢？其他和长城一起申报的如周口店北京人遗址是一个比较小的范围，就由遗产地来准备申报材料；长城的范围太广，分布在大半个中国，世界遗产委员会也没遇到过这样的情况。经过与世界遗产委员会的沟通和协商，长城作为一个整体的文化遗产进行申报。报告由国家文物局提报，文物保护专家罗哲文亲自撰写。罗哲文长期考察长城，积累了大量的材料，此后又花费大量的精力终于完成了报告。

如果对照今天的申遗材料来看，当初长城的申遗报告相对比较简单，可以说资料还不够全面。尽管如此，1987年6月，联合国教科文组织世界遗产委员会召开第十一次全体会议，长城仍以无可争议的历史地位，获得世界遗产委员会的全票通过，正式成为世界文化遗产。

　　故事并没有结束。因为按申报程序，世界遗产委员会在评议前需要派专家进行实地考察，提出一些建议。而长城是先通过再进行考察的。1988年春天，罗马遗产修复研究中心建筑部主任诸葛里多博士等三位专家来到中国考查了八达岭、司马台等长城后给出了保护建议。三年后联合国教科文组织才正式向我国颁发了世界文化遗产证书，这份证书现被收藏在北京八达岭的中国长城博物馆。

长城的突出普遍价值

　　联合国教科文组织的《实施〈世界遗产公约〉的操作指南》规定，文化遗产项目必须符合六项条件中的一项方可获得批准。中国长城以符合五项条件的绝对优势，顺利通过审核。这五项条件是：

　　标准 i. 代表一种独特的艺术成就，一种创造性的天才杰作。

　　标准 ii. 能在一定时期内或在世界某一个特定的文化区域内，对建筑艺术、纪念物艺术、城镇规划或景观设计方面的发展产生过比较大的影响。

　　标准 iii. 能为一种已经消逝的文明或文化传统提供独特的至少是特殊的见证。

　　标准 iv. 可以作为一种建筑或建筑群或景观的杰出范例，展示出人类历史上一个（或几个）重要阶段。

　　标准 v. 与具有特殊普遍意义的事件或现行传统、思想、信仰、文学艺术作品有直接关系或实质联系。

　　如第一条，从雄伟的山海关到险峻的嘉峪关，每一段长城都融入了当地的地形地貌，体现了"因地制宜"的建造智慧。比如用泥土夯筑墙体较多分布在中西部地区，当地黄土多、降水量少；石砌墙主要分布在黄土高原及以东地区，石头分布广泛，容易开采；宁夏、甘肃地区土少、石头少，气候干燥，就会用到红柳、芨芨草、芦苇作为墙体的材料。

　　又如最后一条，在文学艺术领域，长城成了无数诗人、画家、作家等艺

上：北京怀柔神堂峪长城　　　　　　　　　　　下：甘肃玉门关汉长城

山海关孟姜女庙

术家创作的灵感源泉，留下了大量脍炙人口的经典作品。

如唐代的边塞诗人岑参《武威送刘单判官赴安西行营便呈高开府》中"浑驱大宛马，系取楼兰王。曾到交河城，风土断人肠。寒驿远如点，边烽互相望。赤亭多飘风，鼓怒不可当"。其中的"城""驿""烽""亭"，说的都是汉代至唐代在今天新疆修建的长城防御体系。又如林则徐"严关百尺界天西，万里征人驻马蹄"，描述的则是嘉峪关的规模和气势。

与长城有关的典故更是家喻户晓，比如孟姜女哭长城、昭君出塞等。虽然孟姜女的故事只是传说而已，实际上孟姜女的故事与秦始皇及长城没有任何关系，但的确是以长城为灵感进行的文学创作。

世界遗产委员会对长城的评价是：

> 约公元前220年，一统天下的秦始皇，将修建于早些时候的一些断续的防御工事连接成一个完整的防御系统，用以抵抗来自北方的侵略。在明代（1368—1644），又继续加以修筑，使长城成为世界上最长的军事设施。它在文化艺术上的价值，足以与其在历史和战略上的重要性相媲美。

今天长城作为世界遗产，人们对其突出的普遍价值的认识已经超越了国家的范畴。长城的历史研究，离不开历史和民族问题，但仅在国内民族意义上讨论长城的价值，显然视野和思维都不够开阔。联合国教科文组织提出了文化交汇及文化多元主义相契合的精神，所以在认识长城这样的世界遗产时，也要强调国际价值与民族价值的辩证关系。

世界遗产"突出的普遍价值"的"普遍"性，被解释为对一种文化的"代表"，不能被简单解释为"民族价值"或"国际价值"。世界遗产特殊的文化的属性虽然存在于民族的层次之中，其"价值"却超越了民族及民族国家，还代表着对人类整体的贡献，因而具有超越民族疆界的意义。联合国教科文组织也呼吁在认识世界文化遗产时，要消解民族主义情绪，突出站在人类整体的立场上，评价世界文化遗产的普遍价值。

三、独特的长城风采

提到长城，很多人第一个想到的是山海关、八达岭等著名的旅游景区，其实那些看起来不那么"雄伟"的遗迹，也是长城的一部分。前文提到长城的价值是超越民族的，或许有人不知道，很多长城是少数民族政权修建的。

汉朝灭亡后，经历了三国时期60年的分裂，西晋短暂的统一之后，游牧政权南进，晋室东迁，北部及西南地区由少数民族先后建立了16个政权，此后就是南北朝时期。从魏晋开始的这个历史时期，多被史家称为中国历史上的"乱世"。

这一时期，北魏政权建造了长城，北齐则修建得更多。东魏武定八年（550），24岁的齐王高洋迫东魏孝静帝禅位，遂登基称帝，改国号为齐，史称北齐。《北史·北齐书》等文献，都记载了高洋建立北齐之后，多次组织修建长城的史实。北齐从建国到灭亡，虽然只有短短的28年历史，却非常重视修筑长城。北齐在今山西西北至河北山海关修建了长城，称"外边"，主要防御北方的突厥、契丹等游牧民族；在西起今山西偏关，东至北京昌平

山西岢岚北齐长城

　　修建的长城称为"内边",防御的是西面的北周政权。据《北史·齐本纪》记载,高洋又在天保六年(555)"诏发夫一百八十万人筑城,自幽州北夏口,西至恒州,九百余里"。幽州北夏口即今北京昌平附近,恒州在今山西大同。

　　高洋前后筑长城4 000里,屡次击败柔然、突厥、契丹,拓地至淮南,被突厥可汗称为"英雄天子"。但其执政后期纵欲酗酒、残暴滥杀、大兴土木,最终饮酒过度而暴毙,年仅34岁。

　　笔者的家乡秦皇岛境内还保留着一些北齐长城遗存,其大致走向经过山海关区第一关镇、石河镇,海港区北港镇、石门寨镇,青龙满族自治县祖山镇、肖营子镇。北齐长城主要是石砌,保存状态已经很差了。北京以东的北齐长城遗址已经很少,主要是被明代修建蓟镇长城利用而覆盖。

此外，女真人建立的金朝也修建了长城，被称为"界壕"。早期的金长城位于今吉林省白城市东南，主要用于防御依然很强大的契丹遗部及奚。12世纪末、13世纪初，蒙古人在成吉思汗的统领下强大起来。很快成为大漠南北最强大的军事力量。金章宗泰和六年（1206），成吉思汗建立蒙古汗国，逐渐成为金朝北方的威胁。为防御蒙古，金朝这一时期起大规模地修筑长城。

　　内蒙古境内的金长城，曾长期被老百姓称为成吉思汗边墙。这里有一个美丽的传说。当年成吉思汗的女儿出嫁时遭遇了抢亲。抢亲是蒙古族中的一种婚姻风俗，男方可以凭借力量将出嫁路上的新娘强行抢回家成亲。成吉思汗的女儿遭遇了抢亲，虽然对方最后没有得逞，却令成吉思汗感到极为败兴。所以大汗修建了高大的城墙，护佑本部落婚嫁时的送亲队伍。

　　如今看来，这些长城远没有后来明长城那么雄伟壮观，但它们依然提供了独特的历史见证。

四、长城保护任重道远

　　2021年7月23日，联合国教科文组织第四十四届世界遗产大会审议并顺利通过我国长城等六项世界文化遗产保护状况报告。其中，长城保护工作被世界遗产委员会评为保护管理示范案例，获此殊荣是对长城这一我国的世界遗产保护管理工作的充分肯定。决议高度评价了中国政府在长城保护方面采取的积极、有效措施，使长城这一遗产的突出普遍价值得到了妥善保护，并赞赏中国政府推进长城国家文化公园建设，颁布实施《长城保护总体规划》，以及在公众传播推介、遗产地能力建设、专项保护立法、现代科技应用、国际交流合作、缓解旅游压力等方面做出的努力和取得的成效。

　　这届世界遗产大会，对255项世界遗产保护状况的报告进行了审议，仅有三项世界遗产获保护管理示范案例，中国长城是唯一的文化遗产项目。中国长城保护管理的实践，为各国开展特大型线性文化遗产保护，贡献了中国经验和智慧。但是我们知道长城保护的实际情况与长城保护的客观需要相比，

毛石墙体和裸露的墙心结构

工作还有很大的差距。大多数人印象中的长城雄伟壮观如同八达岭、居庸关、山海关、慕田峪等，实际上这样保存得好又维修过的长城，不到全国长城遗存的2%，其余的长城，特别是黄土夯筑的长城墙体保护状况堪忧。

　　保护长城不仅要保护这一古代军事防御工程杰出遗产的价值，还要保护包括各历史时期长城文物本体的形制、结构、材料、营造技术与工艺，保护古代充分利用自然环境构筑的山险、水险等其他构成要素，保护各类长城所承载的中国古代北方军事防御制度等历史信息，减少各种自然和人为因素对长城的影响。保护长城也包括保护 2 000 多年长城营造过程中与周边地理环境共同形成的独特而壮美的文化景观，保护与长城军事防御功能相关的生态环境和景观风貌，保护长城周边与长城修筑、管理相关的生业方式、民族习俗，合理控制长城周边旅游等开发建设活动，协调长城保护与生态保护、基本农田保护、地方经济社会发展的关系。

为此，对于长城的保护也随着保护理念的更新而不断升级。从 1961 年国务院公布第一批全国文物保护单位开始，基本上每一年都有长城重要点段被公布为全国重点文物保护单位。1984 年"爱我中华，修我长城"活动，推动了全国长城保护工作全面开展。1987 年长城被联合国教科文组织列入《世界遗产名录》，2006 年国务院颁布《长城保护条例》，明确各级政府和有关部门的法定职责。2019 年国家发布了《长城保护总体规划》，针对长城保护拿出了解决方案。同年 9 月中央批准了《长城、大运河、长征国家文化公园建设方案》，对坚定文化自信，彰显中华优秀传统文化的持久影响力、革命文化的强大感召力具有重要意义。通过对中国各历史时期，分布于 15 个省（区、市）的 404 个县的长城资源保护、研究和展示，来实现文化价值的传播。2021 年 8 月，国家文化公园建设工作领导小组印发《长城国家文化公园建设保护规划》。长城国家文化公园是按照"核心点段支撑、线性廊道牵引、区域连片整合、形象整体展示"的原则构建的整体性方案，其中一项重要任务就是保护长城文化遗产。

中国有各类长城遗址遗存总量超过了 43 000 多处，千百年来这些长城在自然和人为的作用下面临各种保护问题，各时期的长城本体普遍存在不同程度的损坏，长城遗址遗存濒临消失和已经消失的部分约占长城总量的一半。

总之，从全国的长城保护状况来看，长城保护工作的任务十分艰巨。由于长城体量的长，长城的保护只靠文物部门是不够的，也需要全民参与。已过知天命之年的俞海文是河北省迁安市白羊峪村的一名普通农民，40 年前笔者徒步考察长城时他 10 岁，此后一直保持着联系。俞海文十几岁时就开始

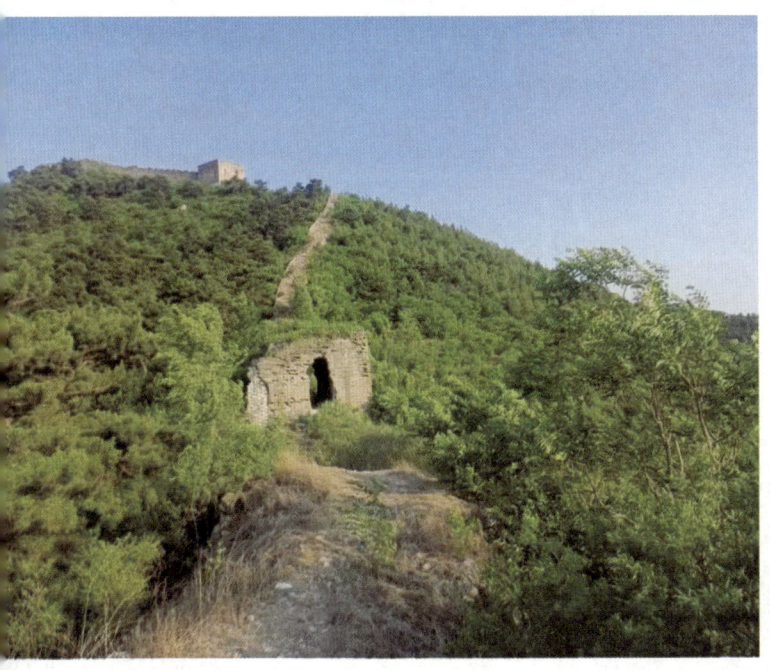

白羊峪长城　　　　　　　　　　　　　　　　　　　　　　作者在长城保护员俞海文的陪同下考察长城

跟着父亲守护村子附近的明长城。他负责的长城有4.4千米，每三四天就要上山巡查一次。河北省秦皇岛市海港区城子峪村的张鹤珊，从1978年起就开始守护村子附近的明长城，40多年来他在长城上光胶鞋就穿坏了300双。这样的长城守护者还有很多。

2022年7月22日，全国文物工作会议在北京召开，会议上提出了新时代文物工作的22字工作方针，即"保护第一、加强管理、挖掘价值、有效利用、让文物活起来"。这是首次提出"挖掘价值"，发掘长城精神价值和文化内涵，也是"让文物活起来"的前提，而一切的前提还是保护文物本体。相信随着保护理念的不断深入，民众的广泛参与，长城这一伟大的历史遗存会不断产生新的价值。

乐山大佛

佛是一座山，山是一尊佛

吕 宁

清华大学建筑学院副教授
乐山大佛世界遗产保护管理规划、乐山大佛（灵宝塔）保护规划、离堆保护规划等项目负责人

1996

作为中国著名的石窟之一，乐山大佛给人最直观的印象就是大——所谓"佛是一座山，山是一尊佛"。可能也正因它大，所以备受瞩目，可说是中国世界遗产界的"网红"，如有乐山大佛的"脸花鼻黑""毁容"之说。而当褪去浮华，从时光深处走来的大佛，给我们讲述的则是一个分外宁静的故事。

> **峨眉山-乐山大佛**
>
> 列入时间：1996年
>
> 列入标准：(iv)(vi)(x)
>
> 遗产分布：四川省乐山市、峨眉山市

一、大佛何来

四川盆地常被称为天府之国，因为它地理条件优越，沃土千里，气候也十分宜人。峨眉山-乐山大佛这处世界遗产就位于四川盆地靠近青藏高原的西南端，峨眉山和乐山大佛两点之间相距32千米，在天气晴朗之时视线可及。

乐山大佛所处位置的水文环境十分独特。大佛坐落于乐山市的凌云山，地处岷江、大渡河、青衣江三江汇流地段。其中岷江是长江的重要支流之一，

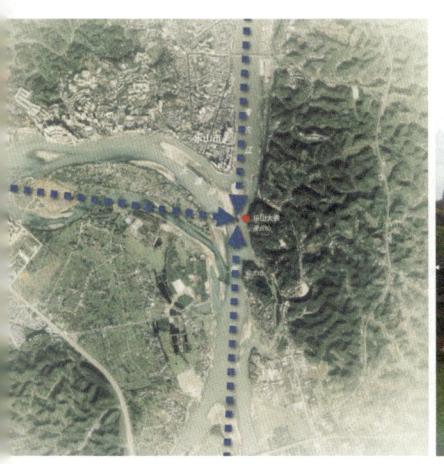

乐山大佛处于三江汇流地段

清代凌云山名胜木刻图

历史上曾经被认为是长江的正源。虽然之后发现长江正源应该是金沙江，但是，时至今日岷江仍是成都平原最重要的水源。有赖于岷江灌溉，才造就了今日的天府之国。大渡河则是岷江最大的一条支流[1]，青衣江又是大渡河的一条支流。在这三江沿线，分布有很多文化和自然遗产，比如夹江千佛岩等。

从前有座山

乐山大佛的故事有一个令人喜闻乐见的开头——"从前有座山"。大佛修造之前的历史需要从凌云山开始讲起。凌云山层峦叠嶂，共有九座山峰，古人为每座山峰都赋予了美丽的名字：东边就日峰、丹霞峰、望云峰；南面祝融峰、兑悦峰；西面栖鸾峰、集凤峰；北面有灵宝峰；居中为拥翠峰。从清代舆图上可以看到，凌云山的九座山峰排列在一起，恰似一朵盛开的莲花。其时有很多文人骚客用笔墨描绘凌云九峰的峥嵘壮美，例如清乾隆四十二年（1777），就读于凌云山九峰书院的四川彭山拔贡袁沆，为《嘉州

---

[1] 从河源学上来看，大渡河是岷江的正源。

40

乐山县境舆图

凌云九峰图》题诗："高高九峰山，峰峰有云住"，又如清嘉庆五年（1800）四川布政使、总督杨揆《舟过大佛滩望凌云山作》诗："凌云山色明于画，过眼峰峦若奔马。"

正因凌云山风景秀丽、又神似莲花，早在隋唐时期此处就建有多处寺庙，所谓"凌云九峰，峰各有寺"，当时的盛况可见一斑。

凌云九峰中最著名的一座寺院即栖鸾峰的凌云寺。凌云寺始建于唐初武德年间（618—626），号称"巨丽为西南第一"，可见其当时建设的规模和秀美。唐代著名的边塞诗人岑参，曾任嘉州刺史，在诗作《登嘉州凌云寺作》中记述了登凌云寺的所见所感："寺出飞鸟外，青峰戴朱楼。搏壁跻半空，喜得登上头。殆知宇宙阔，下看三江流。天晴见峨眉，如向波上浮。"岑参在一览凌云寺和凌云山的景色后，由景入情，心旷神怡。诗中描述了凌云寺、凌云山和三江汇流的美景，并且提到凌云寺上视野开阔，天晴的时候可以一直远望到峨眉山，这也是之后乐山大佛选址的一个重要因素。

可惜到唐武宗时期的灭佛运动中，凌云九峰中其余八峰的寺全部被毁，只有凌云寺作为当时嘉州地区的中心大寺，因建造工艺精妙，让人"不忍毁之",幸得保存。到宋末元兵入侵,这里还是宋元交战时宋军的要塞之一。凌云寺的寺院几经毁灭,又几度重建,今日所见为清代重修。

凌云山和凌云寺为大佛的建造奠定了基础,正因这样的自然和宗教背景,才有了之后乐山大佛的诞生。

大佛建造的传奇故事

乐山大佛的建造可谓是中国建筑史上的一个传奇。中国传统建筑以木结构为主,其特点之一是采用工官制度,建造速度快,加之中国传统哲学以实用主义为上,不像西方大教堂一样动辄建造数百年,即便是紫禁城这样宏伟的建筑群,真正建设时间也不过14年。但是,乐山大佛是一个例外,它历三任建造者,时间达90年之久,实乃令人震惊。

乐山大佛历史上的三位建造者分别是海通、章仇兼琼和韦皋。首先下定决心开凿大佛的是佛教信徒海通。他出生于大唐开元初年,黔中道播州人士(今贵州省遵义市),本名清莲。他12岁出家,师从于高僧慧净,24岁时离师游历天下,最终来到嘉州的凌云山上搭茅屋修行。海通发现当时的三江汇流之处"突怒哮吼,雷霆百里。萦缴触崖,荡为廞空。舟随波去,人亦不存。惟蜀雄都,控引吴楚。痛兹沦溺,日月继及"。这里有控引水流的重要作用,众多船只来来往往,但因风浪巨大,经常发生舟翻人覆的惨祸。

海通和尚认为,之所以有这么多人葬身天险,是因为河底有水妖作怪,把船只推翻后食人。海通修习佛法,因此决定借助菩萨神通广大的法力去镇压无恶不作的水妖。自北周至隋代,嘉州摩崖造像之风已渐兴,唐代更是全国建造大像风气盛行,如敦煌石窟、龙门石窟都有17至30多米的大佛。由此,海通发下宏愿,要造一个"极天下佛像之大"的大佛于三江汇流的凌云山上。

为了建造大佛,海通经过了深思熟虑。首先,如此巨型的佛像需要很多钱财,于是海通四处化缘,到各处说佛讲法,募捐善款。数十年后,第一笔佛财终于筹到,海通也在四川各地请到了有名的雕凿匠师。到唐开元初年(713),大佛正式开始建造。整个建造过程非常科学,海通先在图上勾勒出佛像画样，再用石头打造成小样，继而按比例放大。实际放大的时候也并不是一蹴而就，而是经过了详细的勘测，包括在凌云山的哪座峰，在什么位置能实现最恰当的比例和最震撼的效果。这个过程中不仅考虑到佛像跟三江的关系，还考虑到大佛建成以后和景观的关系，如观赏的近景、中景和远景等。前文岑参的诗就提到，凌云寺天晴的时候可以远眺峨眉，海通也将这一点纳入了远景的考量范围。以上种种都胸有成竹后，才确定工序、开始施工。"万夫竞力，千锤齐奋。大石雷坠，伏螭潜骇。巨谷将盈，水怪易空"，最终"不数载而圣容俨然。笞笞崞崞，岌嶷青冥，如现大身，满虚空界。惊流怒涛，险自砥平。萧萧空山，寂照烟月"。十几年后，大佛的初步形象就已经雕凿出来了。最神奇的是，大佛初见雏形之后，这个地方突然变得风平浪静，再也没有发生舟翻人覆的惨祸了。

当时许多人惊叹于大佛显灵，由此更加笃信佛教；事实上，三江汇流处之所以水流湍急，是因水底河床不平、水下漩涡众多、暗流杂乱，所以船行艰难；而在修建大佛刻凿山石之时，坠落的山石填入江水，将江底填平，因此水流逐渐风平浪静。大佛后山的海师洞就是专为纪念海通法师所建，这里也是当年他的修行之处，今天仍然能见到。

遗憾的是，海通发下宏愿、竭力实行，但大佛毕竟工程浩大，尚未完工的时候海通就去世了，所以建造工程被迫停顿，直到章仇兼琼到嘉州任剑南道长史的时候才得以继续。章仇兼琼将大佛之事上报了朝廷，用今天的话说就是找到了新的投资方。过去僧人缺钱只能去化缘，但这种方式十分随缘，时多时少，使得大佛建造进度非常缓慢。章仇兼琼上报唐玄宗之后，唐玄宗诏"赐麻盐之税，实资修营"，乐山大佛从僧营石窟一跃而成了官营石窟，由官府皇家直接投资。所以，之后的修建工程不再担心经费问题，进入了续建阶段。四川在唐代经济发达，有"扬一益二"，即扬州第一、益州（成都）第二的说法，所以麻盐之税解了乐山大佛建造的燃眉之急。

但章仇兼琼升任户部尚书后，大佛修建经费见底，工程又停顿了下来。直到剑南西川节度使韦皋来到乐山地区，笃信佛教的他终于完成了大佛工程的最后阶段，"如自天降，如从地涌"。从唐贞元三年（787）到贞元十九年（803），完成了大佛膝盖以下、手足的细部、通身上色、表面贴金等工作。同时，韦皋对大佛的设计进行了完善：修建大佛阁、将海通设计的露天大佛保护起来，这座13层的楼阁被称作大像阁或者大佛阁，惜在宋末元初的时候毁于战火。如今，我们只能从当代建筑史学家的想象复原图中，窥见这座近百米楼阁的雄伟壮观。另外，韦皋在大佛右侧篆刻《嘉州凌云寺大弥勒石像记》，记录了整个大佛的建造过程。正因如此，今人才能对大佛建造过程有如此清晰的了解。韦皋的这一贡献，实在意义重大、影响深远。

大佛建成后，历朝历代都有诗作称赞乐山大佛，比如唐代代理嘉州知事薛能于咸通年间（860—874）写的《题凌云寺》："像阁与山齐，何人致石梯。"著名诗人陆游在《谒凌云大像》写"出郭幽寻一笑新，径呼艇子截烟津。不辞疾步登重阁，聊欲今生识伟人"。宋代名臣范成大在《吴船录》中写登凌云寺观大佛："高三百六十尺，顶围十丈，目广二丈，为楼十三层，自头面以及其足。极天下佛像之大。"明代嘉定州守曾介慕名而来，作下诗篇《次岑韵》："古寺何年踞上游，飞鸿天外构层楼。两轮日月摩峰顶，四季烟云罩佛头。"1 000多年的时光里，人们或震惊、或陶醉、或虔诚，来来往往，而大佛慈和宁静的目光一如当年。

二、大佛何美

如前所述，乐山大佛给人最直观的印象就是大，那么这些与世界遗产的突出普遍价值有什么关联呢？乐山大佛是单纯凭"大"就可以列入遗产的最高名录吗？这就要从乐山大佛的申遗说起。

申遗故事

20世纪90年代的中国，距离1985年第六届全国人民代表常务委员会第十三次会议批准中国加入《世界遗产公约》缔约国不过几年，这时的申遗策略流行捆绑，即把一些地理上不一定相邻，但是具有同样文化特质或者要素的遗产地集合在一起列入遗产名录。比如，世界遗产明清皇家陵寝，包括明显陵、清东陵、清西陵（2000年列入），明十三陵、明孝陵（2003年列入）、盛京三陵（清永陵、清福陵、清昭陵，2004年列入）共八处；皖南古村落世界遗产，包括西递、宏村两处。峨眉山和乐山这两处遗产地距离相对较近、文化主题都与佛教相关，因此被纳为一个整体，经过国家建设部和国家文物局双重考察后，认为申遗条件基本成熟。于是，由建设部牵头，为峨眉山-乐山大佛编制了《申报文件》。比起近十年成熟完善的体系，那时候的申报文件相当简朴，这略显单薄的一本小册子，分为"具体地点、法律资料、特征、保护情况和申请加入世界遗产目录的理由"五大部分，文字部分仅仅只有不到40页，除了自然和文化遗存列表外，列入的理由甚至只有一页，而且只陈述了峨眉山的自然价值部分，后续的八九十页内容则都是峨眉山和乐山风景优美壮丽的照片。

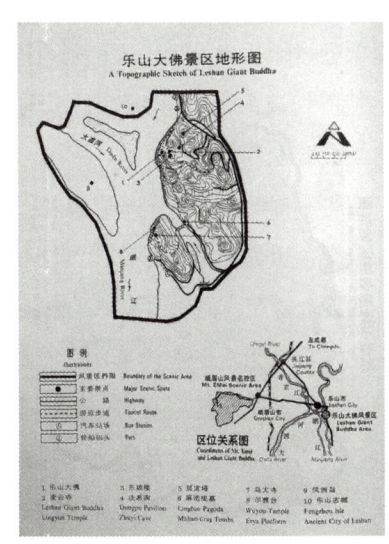

1995年申报文件

也许过于突出的杰作自身就是最好的证明。这份申报文件，于1995年8月11日，经乐山提请、建设部将其与《关于推荐峨眉山-乐山大佛风景区列入〈世界遗产名录〉的请示报告》一起，报送国务院审批。经国务院批准后，当年8月30日，时任国家建设部部长代表缔约国政府签字，小册子于9月中旬送到了巴黎，向联合国教科文组织正式申报。

第二年，也就是1996年5月11—15日，联合国教科文组织派国际自然资源保护联盟自然遗产高级顾问吉姆·桑塞尔博士和斯里兰卡莫勒图沃大学建筑学院院长德·席尔瓦教授来峨眉山-乐山大佛景区进行实地考察。这两位国际专家对峨眉山-乐山大佛的突出普遍价值给予高度赞赏，同时也基本肯定了乐山大佛历经千年而较为良好的保存状况。吉姆·桑塞尔博士更是震惊于大佛的宏大体量，他赞赏地说："乐山大佛堪与世界其他石刻，如斯芬克司和尼罗河谷的帝王谷媲美。"与此同时，教科文组织委派的文本评估专家也传来好消息，无论是负责评估自然遗产部分的国际自然资源保护联盟，还是负责评估文化遗产部分的国际古迹遗址理事会，都一致推荐峨眉山-乐山大佛列入《世界遗产名录》。1996年12月6日，联合国教科文组织世界遗产委员会在墨西哥历史文化名城梅里达举行的第二十届大会上，21个委员国全票通过峨眉山—乐山大佛列入世界文化与自然遗产名录。由此，这处神奇的遗产地成为世界第18个、全国第3个和目前西部地区唯一的世界文化与自然混合遗产。

值得一提的是，虽然峨眉山-乐山大佛作为一处整体是文化与自然混合遗产，但根据世界自然保护联盟和国际古迹遗址理事会的评估报告，峨眉山是真正的混合遗产，而乐山大佛区域仅符合文化遗产的标准iv，即可作为一种建筑或建筑群或景观的杰出范例，展示人类历史上一个或几个重要阶段；以及标准vi，与具特殊普遍意义的事件或现行传统或思想或信仰或文学艺术作品有直接或实质的联系；乐山大佛并未达到世界自然遗产的标准。世界自然保护联盟的评估报告中这样写道："乐山大佛区域虽然具有部分自然价值，但该处仅为文化遗产，世界自然遗产仅存在于峨眉山。"——这是许多人容易误解之处。诚然，即便不是自然与文化的混合遗产，用我们今天的眼光来看，乐山大佛也毫无疑问是一处充分体现人与自然和谐共处的文化景观。

"申遗成功是乐山城市发展史上的重要里程碑。"十年后，在2006年庆祝大佛申遗成功十周年的大会上，乐山市委领导这样感慨。的确，成功列入世界遗产名录后，峨眉山景区、乐山大佛景区开启了迈向国际化的大门，无论是由世界银行提供贷款进行的保护提升工程，还是国家文物局、国家科学技术委员会负责的大佛病害治理课题，都得到了国际社会的广泛关注，世界遗产的守护与传承也由此成为乐山这座城市的永恒话题。

作为世界遗产的大佛

峨眉山-乐山大佛虽然成功进行了联合申报，但是它们各自的独特性也很明显：从属地上来说，两者分别属于峨眉山市和乐山市，从管理上看，两者分属不同的管理机构；在宗教文化上，虽说都与佛教相关，但峨眉山是普贤道场，而乐山大佛为弥勒信仰。

就乐山大佛这处世界遗产来说，先要强调的一点是：乐山大佛并不等于乐山大佛遗产地，准确来说应该是乐山大佛是这项世界遗产的一部分。为什么这么说呢？从不可移动文物保护管理体系出发，中国的不可移动文物保护管理体系呈金字塔结构，按照保护等级来说，最底下是未定级文物点，比如在文物普查中发现的文物点，再往上依次是区县级文物保护单位、市级文物保护单位、省级文物保护单位、全国重点文物保护单位、世界遗产。越往塔尖的遗产点，珍贵程度和价值代表性越高。如前所述，凌云山历史悠久，有许多文化遗迹和自然景观，在乐山大佛18.46平方千米的遗产地范围内，有四处全国重点文物保护单位——乐山大佛、灵宝塔、麻浩崖墓、离堆，一处省级文物保护单位——柿子湾崖墓，两处市县级文物保护单位——三龟九顶城和凌云寺，以及数处未定级文物点，如八仙洞崖墓、乌尤寺崖墓、大佛崖墓等；这些丰富的文化资源，加上三江汇流的自然景观，凌云九峰、三龟山、乌尤山构成的核心山体环境，才是完整的乐山大佛世界遗产。

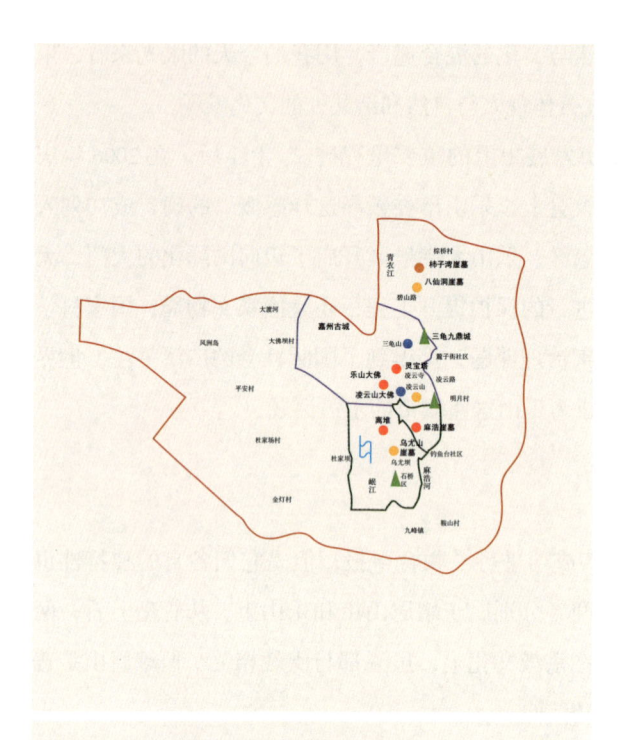

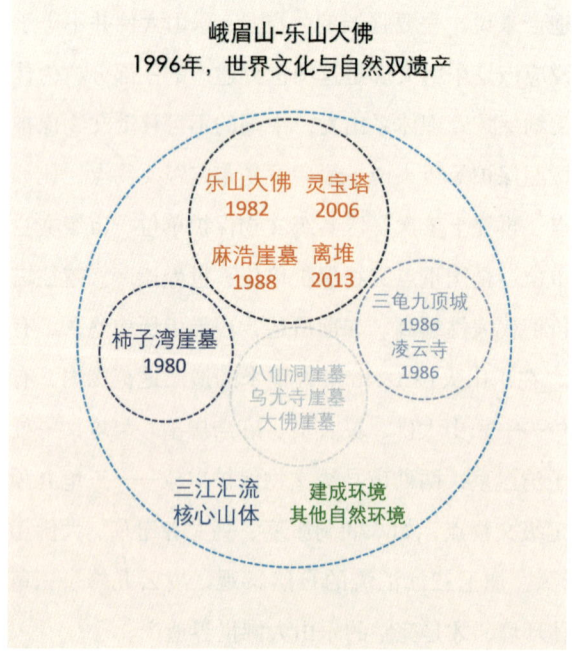

峨眉山-乐山大佛
1996年，世界文化与自然双遗产

乐山大佛 灵宝塔
1982 2006

麻浩崖墓 离堆
1988 2013

柿子湾崖墓
1980

三龟九顶城
1986
凌云寺
1986

八仙洞崖墓
乌尤寺崖墓
大佛崖墓

三江汇流　建成环境
核心山体　其他自然环境

乐山大佛世界遗产范围

48

麻浩崖墓荆轲刺秦壁画

麻浩崖墓垂钓老翁壁画

乐山大佛这处全国重点文物保护单位，除了大佛本体外，与大佛同时代开凿的九曲栈道，以及沿栈道的众多摩崖造像，皆技法圆融、造型精美。灵宝塔在大佛东北，为始建于宋代的密檐式砖石塔，是其时凌云寺主僧的墓塔，一般称为大佛塔、九顶塔、九峰塔，也称为白塔，从古至今一直是凌云山地标，今天却少有人知。

位于大佛东南的麻浩崖墓更是人迹罕至。麻浩崖墓的开凿比大佛还要

麻浩崖墓

早约700年，可追溯至东汉时期四川地区的厚葬传统。当时中原横穴墓传入蜀地，在适应山地条件后诞生了一种新型墓葬形式，即开凿于山体立面的崖墓。乐山麻浩崖墓包括379座（博物馆内7座，博物馆外372座）[2]墓葬，具有极高的历史、艺术、科学价值，崖墓以生动的壁画反映了东汉时期乐山人民的社会生活、文化习俗等。以代表作荆轲刺秦为例，该幅壁画中荆轲前冲的体态和秦王慌张躲避的姿势，栩栩如生；另一幅老翁垂钓壁画则极具生活意趣，老翁在东壁，而鱼则是在转角的另一侧。

---

[2] 1973年首次对麻浩崖墓进行考古发掘，未统计数量、资料未发表；1991年第二次调查，统计博物馆外崖墓数量为351座，2001年乐山景区文管处组织崖墓全面普查，统计博物馆外数量为372座；2013年四川省文物考古研究院与大佛景区管委会就部分崖墓进行考古调查，不完全统计数量为318座；综上，结合实地调研，采用2001年数据。

麻浩崖墓另一幅壁画代表作中则描绘了佛的形象。这是中国最早有关佛形象的实证之一。为什么说是佛的形象，而不是佛教呢？因为目前公认中国的佛教传播路线是北传路线，自丝绸之路从新疆而来，经敦煌、河西走廊，一路传到长安洛阳，所以东汉洛阳白马寺公认为佛教传入中国的第一座寺院。白马寺建立于公元 68 年左右，东汉麻浩崖墓的时间与白马寺相近，因此推测其来自南传路线，即从南丝绸之路的蜀身毒道，也就是茶马古道传到乐山。当时佛教还未在中国形成完善的宗教，但"佛"的形象已经在一些商人或者上流豪族中流行，把它当成有法力的神灵来崇拜。这充分见证了多元文化交流的意义，这种开山凿石的传统，也和 700 年后的乐山大佛一脉相承。

全国文物保护单位离堆，以乌尤寺为主体。李冰开凿的都江堰闻名遐迩，却少有人知，离堆也是他主持的另一处水利工程[3]。《史记·河渠书》载："蜀守冰凿离堆，辟沫水之害。"传说乌尤山原与凌云山连在一起，但为了岷江的水能形成回流，李冰命人生生地凿出了乌尤山。现在乌尤山鸟鸣声声、满目青翠幽深，乌尤寺庭院深深、香火旺盛，实乃避暑佳境。

无论是灵宝塔、麻浩崖墓、离堆，还是山上的其他寺院遗迹，抑或整个山水景观、位于乐山大佛缓冲区的宋代抗元九鼎城遗迹等，整个区域在 1 200 多年的历史发展中，逐渐形成了一个以乐山大佛为核心的著名风景区。所以说，世界遗产乐山大佛并不完全等于乐山大佛本身，因为其中包含了十分丰富的物质内容和文化表达，其价值也因此显得尤为丰富和突出。

总体来说，峨眉山-乐山大佛符合世界遗产的三条标准：分别是文化遗产的标准 iv、标准 vi 和自然遗产的标准 x，因此它是一处文化和自然混合遗产。经过在世界范围内与同类型岩石类遗产的比较，如印度阿旃陀石窟佛像、中国莫高窟大佛、龙门卢舍那大佛、云冈第 20 窟大佛、须弥山第 5 窟大佛等，我们发现，乐山大佛的突出普遍价值有二：

---

[3] 离堆的水利工程性质仅有文献，缺乏考古证据，一直存疑。

首先，乐山大佛是唐代佛教大像技艺的典范。它是世界上最大的坐佛，座高将近 60 米，通高将近 70 米。它是当之无愧的人类建筑建造史上的杰作，整体设计精妙非常：比如，大佛在建造之初就考虑到排水需要，在头部、肩部和胸部都设计了隐蔽的排水系统，既美观又实用；甚至佛像头部发髻的走势、身着袈裟的纹理走向也都十分考究，在符合当时唐代人生活习惯和文化习俗的同时，也有助于科学排水。与此同时，大佛的建造还体现出中国传统建筑和山水景观营造的价值观，这使得大佛不仅仅是宗教造像的杰出范例，也是石窟寺景观营造的代表作——三江汇流的近景、嘉州城的中景以及峨眉山远景，层次鲜明、景观丰富，符合世界遗产突出普遍价值标准 iv。

其次，乐山大佛及其周围造像所体现出佛教在唐代的传播与兴盛，以及与弥勒信仰直接相关的特性，符合世界遗产突出普遍价值标准 vi。乐山大佛雕刻的是弥勒佛，即未来佛。《菩萨处胎经》载："弥勒当知，汝复受记，五十六亿七千万岁于此树王下成无上等正觉。"《佛说成具光明定意经》也说："弥勒五亿七十六万岁作佛。"意即未来弥勒降世之时，人世间将处处净土。因此，弥勒信仰在中国自北朝后就有流传，尤以唐代武则天时期为盛——她为了即位的正统性，宣传自己为弥勒化身。全国多地都有以武则天面容为蓝本雕刻的弥勒佛像。

弥勒的形象也由此几经变化，其早期多带有印度或中亚风格，多交脚姿态，在莫高窟的北魏、北梁窟、响堂山石窟中都有体现。到唐代，弥勒佛的姿势有所变化，多垂足倚坐、手置膝上，例如乐山大佛、资阳的半月山大佛等，面容则具有典型的唐代人特征，跟北魏北朝异域风情的特征完全不一样。五代以后，尤其宋代开始，弥勒佛进一步世俗化，不再严肃端庄，变成了大家都很熟悉的开口笑弥勒，逐渐衍生为布袋和尚等弥勒的化身，变得和蔼随和，典型代表如杭州飞来峰的弥勒。乐山大佛的建造过程，也间接体现出弥勒信仰的生命力和传播力，以及中国文化宽广的包容性特质。

除了以上符合突出普遍价值的两条标准以外，乐山大佛还兼具很多其他文物和文化价值。包括麻浩崖墓所代表的特殊丧葬形式，东汉"佛"的形

乐山大佛头部的排水系统

象传入和对乐山地区佛教发展的表征，三龟九顶城对于宋元战争期间嘉州历史的见证意义，乐山作为南方丝绸之路重要节点对多元文化交流、文明互鉴的表达，以及自崖墓、大佛和石刻一脉相承的地方形成开山凿石的传统和技术，等等。总而言之，当真正走进，你就会发现除了"大"之外，乐山大佛遗产地的价值是如此丰富多元，令人深深迷醉。

三、大佛今生——威胁与保护

截至 2021 年年底发布的数据，我国共有 2 155 处石窟寺，其中全国重点文物保护单位 288 处。虽说石窟寺在全国重点文物保护单位中的占比不高，但它分布广、价值高，"集建筑、雕塑、壁画、书法等艺术于一体""充分体现了中华民族的审美追求、价值理念、文化精神"。因而，"加强石窟寺保护利用工作，事关中华优秀传统文化的传承和发展，事关社会主义文化强国建设，事关高质量共建'一带一路'和促进文明交流互鉴，具有重大意义"。[4]

乐山大佛作为南方地区石窟最典型的代表，在中国石窟寺体系中具有重要的作用和地位。自唐代建成之后，大佛在宋代、元代和明清甚至民国时期，都时有维修，但总体来说，大佛整体保存状况不容乐观。一方面是因为石窟寺涉及文物材质复杂、面临的威胁多种多样，另一方面也受到近代以来多次人为破坏的影响。乐山大佛作为石窟中的一员，也面临着一些威胁和保护利用的问题。

从历史照片中，我们可以清晰地看到自然时光和人为破坏对大佛的侵蚀。今天能找到最早的照片来自 1899 年。在照片中，乐山大佛跟我们现在看到的完全不同，头上长满了杂草，整个五官都淹没在草丛中，有如沧桑流浪的老者。1909 年，凌云寺僧人对大佛的脸部进行了清理和简单的修缮，但 1925 年年底军阀混战，大佛遭受炮火袭击、破损较大，社会反响强烈。1927 年，一位居士组织了一次较大规模的修缮，修复破损处、粉刷全身；正是此次修缮，基本奠定了今日大佛面容的蓝本。从大佛的面部，能看出明显的唐代特征，慈眉善目、脸庞圆润、嘴角衔笑。

1949 年中华人民共和国成立后，大佛被正式纳入文物保护管理体系中。文物部门在 20 世纪 60 年代和 70 年代分别组织了两次对大佛的系统维修，尤其是 1975 年的维修后，大佛的保存状况得到了较大改善，开始开放参

---

[4] 国务院办公厅《关于加强石窟寺保护利用工作的指导意见》，2020 年。

大佛崖壁窟龛风化（2013年）

乐山大佛全景

观。此后，几乎每十年，文物部门都会组织对大佛的勘察与修缮，但直至21世纪20年代，仍未解决大佛面临的根本性威胁。这主要是因为大佛的体量巨大——"山是一尊佛"，文物工作者不可能像对待陶罐、瓷碗等可移动文物一样，将大佛放入博物馆恒温恒湿的展柜。一座山自然生长、没有遮风挡雨的顶棚，地下是三江汇流的水体，水源丰沛、植物郁郁葱葱，所以在水的影响下，岩体风化、酥碱、霉菌、水蚀等残损层出不穷。

就保护思路来说，在1949年以前的100年及1949年后的三四十年内，基本采用的是抢救性保护方法，即所谓"头疼医头、脚疼医脚"，大佛长草就清理草，木质鼻子发黑腐烂就更换鼻子，这种方法的主要目的是"救活"文物，让它离开"ICU"（重症加强护理病房）；而近二三十年，随着文物保护理念的发展和保护技术的提升，整体保护思路由抢救性向抢救性与预防性并重转变，由此也对大佛的保护提出了不少新的思路，比如对是否重修大佛阁的探讨，又如2018年启动的大佛系统勘察、全面体检等。无论如何，大佛的保护之路仍旧漫漫、仍需我们上下求索。正如2022年年初大佛保护座谈会上，著名石质文物保护专家黄克忠老先生所说，"雨水和大佛本体的渗水，是大佛病害的万恶之源。先治理水害，同时还要有整体的保护方案。这并不是一日之功，需要年复一年、一件一件去完成。"

乐山大佛，从千年前的时光深处走来，向着更美好的未来而去。

庐山

多元共融的文化景观

陈 凯

庐山国家公园世界文化遗产保护及管理规划项目负责人

1996

庐山位于江西省九江市境内，是一处自然环境与人文历史共同塑造的文化景观。对国人来说，"九江"这个名字无非是强调此地地理位置紧要，甚至略显陌生，其历史上的称呼却鼎鼎有名。三国周瑜屯兵的"柴桑"，陶渊明做县令的"彭泽"，白居易《琵琶行》中的"浔阳"，苏轼《石钟山记》中的"彭蠡"，甚至《水浒传》中宋江被刺配的江州，都是这里。

庐山国家公园

列入时间：1996年

列入标准：(ii)(iii)(iv)(vi)

遗产分布：江西省九江市

五老峰俯视鄱阳湖

铁船峰

一、识庐山

庐山是座独山，称为地垒式断块山，不与任何山脉相连，其主峰汉阳峰傲然挺立，海拔高达1 474米，在长江中下游属于航标式的高山。庐山山体呈东北—西南走向，形状近似"枣核"状，驻守在长江南岸，拱卫鄱阳湖湖口。庐山遗产区总面积达302平方千米，与昆明的滇池相近，环山公路走一圈大概100千米，相当于环北京五环一周，是国内遗产区面积最大的世界遗产之一。

庐山又名"匡庐"，其得名源于多种传说。东晋慧远在《庐山略记》中提到，周代有人名匡俗，在此山修道求仙，避世不出，终成仙去，其居所遂被尊称为"神仙之庐"，山亦因此得名"匡庐"或"匡山"。一说周代的方辅与老子同行，骑白驴入山炼丹成仙，成仙后"人去庐存"，山便称为"庐山"或"辅山"。另说，汉代初年，东野王之子匡俗因父功受封越庐君，与其兄弟七人到此修道，世人因称越庐君匡俗求仙之山为庐山。

庐山文化景观的形成源自千年来山水审美的演进。庐山远离政治中心，在秦汉以前记载极少，相传大禹治水时曾到彭蠡治水并登临庐山。司马迁亦在《史记·八书·河渠书》中记述"余南登庐山，观禹疏九江"。其他如东晋道士许逊铁船化峰、三国吴地董奉行医的杏林佳话[1]，不但丰富了庐山的历史文化内涵，也通过神秘飘忽的神话传说为庐山添加了更多的神秘色彩。

魏晋南北朝时期，中原时局动荡，政权更迭频繁，士族大家纷纷南渡，寻找新的栖息之地。这段时期，政治的波动激发了文人的思考与觉醒，士大夫摆脱了传统儒学的束缚，开始追求道家超然物外的隐逸情怀，并逐渐成为士人追求的新风尚。社会上，玄学之风盛行，智慧与思辨的火花四处飞溅，佛教也在这一时期与本土文化相结合并逐渐流传开来。这一时期，儒、释、道三教在远离政治中心的庐山上和谐共生，既独立发展，又渗透融合，共同

---

[1]《神仙传·卷十·董奉》："君异居山间，为人治病，不取钱物，使人重病愈者，使栽杏五株，轻者一株，如此数年，计得十万余株，郁然成林。"

现存最早的庐山画作《匡庐图》
[五代]荆浩作,台北故宫博物院藏

孕育了庐山独特的文化景观。士人隐居山林,佛教寺院与道教宫观依山而建,人与自然之间建立了一种前所未有的亲密联系。慧远、陶渊明、陆修静、谢灵运、宗炳等名士在庐山上游览、隐居、传道、修炼,这种生活方式和文化传统对后世产生了深远的影响。

唐宋时期是中国历史上社会经济高度繁荣的阶段,登临庐山的多处道路得到开辟,形成了风格迥异、特色鲜明的登山廊道;士大夫的创作不仅让庐山的自然风光得以通过艺术的形式被世人所认知与传颂,更促进了山水文化审美的成熟与发展。

这一时期,儒、释、道三教不仅各自形成了完善的理论体系与宗教形态,更在庐山这片神奇的土地上实现了深度的交流与融合,呈现出"三教合一"的独特风貌。此番盛景也吸引了大量文人墨客在此汇聚,山水诗画等艺术形式的成熟与普及使庐山成了士人墨客们竞相赞美的对象。李白、白居易、苏轼等文学巨匠,纷纷以庐山为题,留下了脍炙人口的佳作。他们通过山居、游历、文学创作等方式,将庐山的自然之美与人文情怀完美融合,形成了独特的审美体验。李白千古传诵的《望庐山瀑布》、白居易的《大林寺桃花》、苏轼的《题西林壁》都是这一时期的代表作,其中

李白吟诵的黄岩瀑布

西林寺塔

名句"人间四月芳菲尽,山寺桃花始盛开""不识庐山真面目,只缘身在此山中"等颇具哲学色彩的诗句,更是诗人在各派思想交织的庐山上自然迸发的思辨之作。

元、明、清三朝交替之际,庐山的佛教与道教相较于唐宋时期有所式微,而皇家与文人士大夫则逐渐成为与庐山自然景致互动的主要力量。在此阶段,国家集权进一步强化,明清两朝的皇家多次下诏在庐山兴建寺院,极大地提升了庐山的知名度与影响力。士大夫阶层继续沿袭唐宋先贤对庐山山水意境的深刻理解,他们通过频繁的游历与文学创作,不仅丰富了庐山的文

明代庐山御碑亭

化内涵，还成功地将庐山各文化景观区的独特意象固化在文学与艺术作品中。在此过程中留下了大量诗词题刻，随之营建的景观建筑也进一步促进了庐山多元文化景观的成熟。

元、明、清时期的庐山从早期隐逸归园的神秘之所演变成为寻贤仿古的旅游胜地，留下的历史故事、文人题刻、诗词歌赋更是不胜枚举。明太祖朱元璋在鄱阳湖与陈友谅颇具传奇色彩的战略决战，以及在统一全国后朱元璋下令修建的庐山御碑亭和他亲自撰写的《周颠仙人传》碑文，更增添了庐山的神秘色彩。周颠本是半疯半癫的人物，在跟随朱元璋征讨陈友谅的过程中，

65

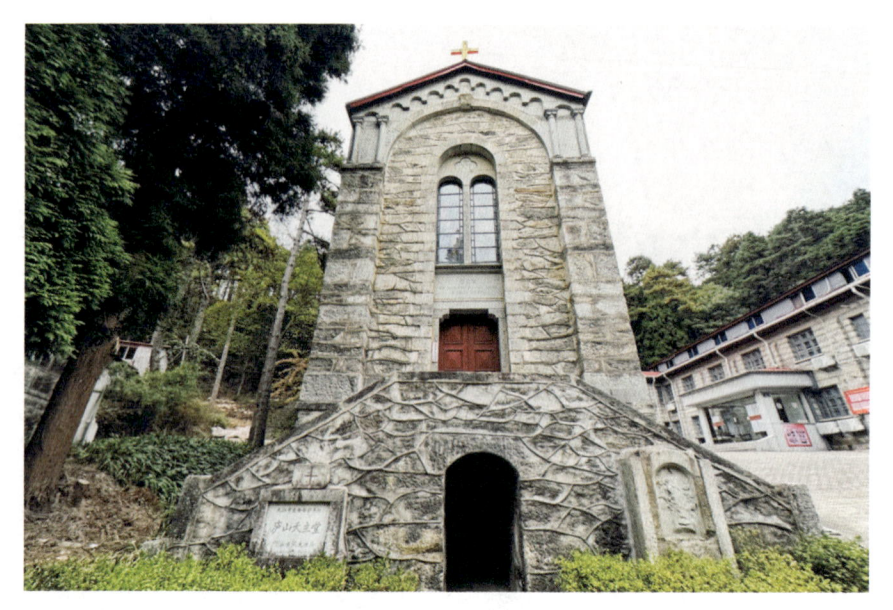

庐山天主堂

述说陈友谅"天上无他座",行舟过程中鼓励进军"行则有风"[2],在一定程度上起到了鼓舞士气的作用;在金庸小说《倚天屠龙记》中,甚至也有周颠的笔墨出现。

清朝末年,庐山发生了重大变革。第二次鸦片战争期间,九江因清政府签订《天津条约》(1858年)被迫开埠通商。九江的开放促使西方文化深入内陆,庐山凭借其优越的自然条件,再次成为中西文化碰撞的前沿阵地,展现出新旧交织、中西合璧的独特风貌。牯岭避暑胜地的开发,不仅融合了中国传统隐逸文化的精髓,还吸纳了西方的生态观念与规划思想,开创了一种新型的生活休闲模式。

西方文化的涌入让本就复杂多元的庐山形成了新的共融局面,除了传统的寺院宫观和儒学书院外,传教士新建大量天主教、新教、东正教、伊斯兰

---

[2]《明史·方技传·周颠》。

教等宗教建筑。本是避世隐居之地的庐山东西谷被辟为别墅区，数十年间发展至数百栋的规模，成为我国近现代著名的避暑胜地之一。凭借描写中国农民生活的小说《大地》获得诺贝尔文学奖的赛珍珠，幼年就曾随父母在庐山生活。20世纪30年代至中华人民共和国成立初期，庐山因其独特的地理位置，先后成为民国时期的"夏都"及中华人民共和国成立初期的休养胜地，见证了众多影响深远的政治事件，是我国近现代重要历史事件的重要见证地。

此外，胡先骕、秦仁昌、陈封怀等科学家于1934年在庐山创建了中国第一个供科学研究的亚高山植物园——庐山植物园。李四光教授在1931年就对庐山进行了考察，并发现了第四纪冰川遗迹，他1937年写成的专著《冰期之庐山》被认为是这一领域的经典著作，为庐山第四纪冰川研究提供了重要的科学依据。

二、岭成峰？

庐山在1996年以"混合遗产"的目标申报世界遗产，最终却以"文化景观"的身份列入，这让当时的遗产申报团队感到十分不解，甚至有些沮丧。1996年的中国已经有14处世界遗产，其中包含泰山、黄山两座名山，二者均以混合遗产的身份被列入，即泰山与黄山在文化与自然两个方面的突出普遍价值均得到了世界范围的认可。庐山拥有悠久的历史文化，拥有复杂的生态系统和物候景观，更拥有典型的第四纪冰川遗迹；对于庐山来说，成功申报混合遗产绝对是志在必得。世界混合遗产在1996年以前全国仅有两处，世界范围内也不过19处而已，能够列入混合遗产，无论在哪个层面都是极为荣耀的事。

申遗之初，江西省申遗领导小组依据世界遗产申报的具体标准，邀请了省内外有关学科专家对庐山进行了详细的考察与认证，在经过多次修改后形成了申报文本。在列入理由中，提出了庐山在中国名山中的崇高地位、庐山有着丰富的自然与文化遗产、庐山的美学价值四个方面的价值特征。在自然遗产方面，庐山具有突出价值的地质、地貌、独特的第四纪冰川遗迹、丰富的植物、动物资源、绝妙的山水景观、久负盛名的瀑布、温泉、云雾等；在文化遗产方面，庐山是中国山水诗的策源地之一，拥有繁荣的宗教文化，是教育和"理学"的圣地，有杰出的科技文化和历代帝王的文化建树，同时也见证了1 600年的中外文化交流史；在美学价值方面，庐山风光体现了中国古典美学的最高境界，有着中国山水美学发展的清晰足迹，是以艺术美深化自然美的典型代表，有着中外美学思想的和谐融汇[3]。

值得一提的是，在最初申报的过程中，除了以庐山山体作为申遗的价值特征要素以外，另有四处分布在庐山周边的附属遗产点也被列入申报对象，其中就包括于1992年我国首批列入《国际重要湿地名录》的鄱阳湖自然保护区。然而，最终的申遗文本尽管提及了位于庐山山麓的鄱阳湖自然保护区，但仅作为周边自然资源做了简单介绍，并未纳入自然遗产价值特征要素进行申报。

1995年，经国务院批准，庐山风景名胜区被正式确定为1995—1996年度中国申报世界自然与文化遗产名录单位，申报类型为混合遗产。1996年5月，国际自然保护联盟、国际古迹遗址理事会专家吉姆·桑塞尔博士、德·席尔瓦教授对庐山申请列入世界遗产名录情况进行了为期四天的实地考察，在周密的安排下，得到了两位专家较为积极的反馈与认可。在最终提交世界遗产大会审议的报告中，由国际古迹遗址理事会提交的针对庐山文化遗产的部分评估认为：建议根据标准ii、标准iii、标准iv和标准vi，列入《世界遗产名录》。但国际自然保护联盟提交世界遗产大会的评估报告中认为，在中国已经列入的世界遗产的遗产地中，生物多样性、景观多样性方面已经有黄山、武陵源、泰山列入，第四纪冰川方面已经有黄山列入，庐山在这两方面并不具备突出普遍价值。相反，他们认为位于庐山以南的鄱阳湖自然保护区，当时已经作为"Ramsar site[4]"的重要越冬候鸟保护区，具有国际范围内的突出普遍价值且具有申报世界遗产的潜在价值。因此，在最终的评估建议中认为

---

[3] 引自1996年庐山申遗文本。
[4] 即拉姆萨尔公约保护区，拉姆萨尔公约即国际重要湿地特别是水禽栖息地保护公约。

鄱阳湖自然保护区

庐山不符合自然遗产的价值标准，自然遗产部分未获得推荐列入[5]。

1996年12月2—7日，联合国教科文组织世界遗产委员会第二十届会议在墨西哥的海湾城市梅里达召开。6日上午，在充分讨论国际古迹遗址理事会和国际自然保护联盟的评估意见后，委员会认为庐山这一"文化景观"具有杰出的美学价值，并且与中国精神文化生活有着深厚的联系[6]，决定将该遗产列入名录，在价值标准简述中认为：

标准 ii. 庐山风景之中庙宇和书院的建筑和布局所营造的文化景观，见证了自公元3世纪晚期的汉代一直延续至20世纪初长久的文化价值交流。

标准 iii. 庐山风景一直激发着哲学和艺术的发展，高品质的文化元素被有选择地、精妙地融入自然景观之中，突出地见证了中国人对

---

[5]　2004年，中国的庐山与黄山、云台山、石林、丹霞山、张家界、五大连池、嵩山八处被联合国教科文组织认定为首批世界地质公园。
[6]　决议原文为：The Committee decided to inscribe this property on the basis of cultural criteria (ii), (iii), (iv) and (vi) as a cultural landscape of outstanding aesthetic value and its powerful associations with Chinese spiritual and cultural life.

自然美与文化和谐互动的欣赏感悟。

标准 iv. 庐山白鹿洞书院古建群代表了中国传统书院建筑模式，观音桥独特的榫卯石拱结构在中国桥梁建造史上占有非常重要的地位，庐山近代别墅群是 19 世纪后期到 20 世纪中叶西方文化进入中国腹地的实物见证。

标准 vi. 慧远大师在庐山东林寺创立净土宗，开创了佛教中国化的新时代。朱熹重振白鹿洞书院，使之成为宋明理学和书院教育的典范，影响了宋代以后 700 年的中国历史。朱熹的儒家理学思想和教育模式远播日本、韩国、印度尼西亚等国，对世界教育史产生了非常重要的影响。

尽管成功列入《世界遗产名录》，但庐山在自然遗产方面的价值未能得到认可，这一结果让当时的申遗团队颇为沮丧。然而，世界遗产大会对庐山的价值认定用了"cultural landscape"即"文化景观"一词，这让当时的申遗团队眼前一亮。

在 1996 年，"文化景观"仍是一个新兴概念，它于 1992 年作为文化遗产的特殊类型被正式纳入《实施〈世界遗产公约〉的操作指南》。"文化景观"强调"人与自然的共同作品"及"人类与自然环境之间互动的多样性"。1993 年，曾以自然遗产被列入世界遗产的新西兰汤加里罗国家公园被重新评估，作为首个文化景观项目列入《世界遗产名录》，而庐山的列入，意外地成为中国首个"文化景观"。

时至今日，中国已经有包括庐山、五台山、杭州西湖文化景观、红河哈尼梯田文化景观、左江花山岩画文化景观、普洱景迈山古茶林文化景观在内的六处"文化景观"类世界文化遗产。然而，庐山毕竟是第一处，它的成功列入让中国人对自然山水审美、对精神生活的追求、对理想空间的营造最先以一座高山的形态展现在世界面前。庐山案例也为我国后来的申遗团队在遗产类型的认知、价值标准的阐释等方面提供了全新的思路。

三、此山中

庐山的特别之处就在于很难以单一的文化符号去定义，正如苏[轼]云"不识庐山真面目，只缘身在此山中"。登临过泰山的人可能会在[]十八盘天梯前却步，登临过华山的人可能会在长空栈道前胆寒，即便[几]百上千年，在自古一条道攀登的心境都是大致相同的。然而庐山登山[路不]止一条，历史上在不同位置的不断探索，逐步形成了一系列风格迥异[的]单元，包括一系列文化遗存集中分布的景观片区，以及文化遗存线性[分布的]景观廊道。从东晋到唐宋，庐山文化景观逐渐成形，并在明清时期进[一步发]展，最终在清末民国时期形成了文化景观片区与廊道交织的局面。

这些文化景观片区及廊道深植于其自然峡谷、蜿蜒山涧等独特[地貌]中，以路径串联起一连串自然景观与文物古迹。这些景观或是某一历[史时期]的集中营造而成，或是历经岁月洗礼渐次形成，它们不仅是千百年来人[们探]索、欣赏庐山山水之美的经典集成，更是人与自然和谐共生、文化与[自然]互成就的生动写照。

庐山文化景观的形成与不同历史时期、不同思潮在庐山的交流碰[撞密切]相关，具有代表性的即包括儒释道在庐山的兴盛，以及近现代西方文[化传入]的四个时间"节点"为代表。以时间为序分别有西麓东林寺、南麓简[寂观、]东麓白鹿洞书院、山顶牯岭别墅群四个代表性区域。它们见证了历史与[文化]在庐山的交流与融合，不仅展示了自晋代至20世纪上半叶的文化演变[过程，]与中国历史上文化突变与交融的重要趋势相呼应，成为中国传统文化发[展演]变的缩影，并保持着人与自然的和谐共生。

西麓

东林寺景观片区

东晋时期庐山东林寺的营建是佛教在庐山兴起的重要标志。东林寺位于江西省九江市庐山西麓，始建于东晋太元九年（384），与庐山山峰遥遥相

东林寺

望，晋代高僧慧远大师以此地"闲旷，可以息心"建立东林寺。慧远在此地隐居修行长达 32 年之久，其间，他深居简出，专注于佛学研究，将玄学与儒学思想融入佛教教义之中，吸引了大批弟子与儒学士人围绕其旁，共同致力于佛经的宣讲、翻译、研讨，积极传播佛教思想，创立了净土法门。同时，他还与庐山的隐士刘遗民、周续之、宗炳等名士交好，共同成立了莲社，促进了佛学与儒学的交融。慧远不仅亲自著书立说，还邀请西域僧侣前来庐山翻译经典，资助其师兄及门人在庐山广泛修建寺院，使得庐山逐渐发展成为南方佛教的学术中心与圣地。这一时期的庐山，因佛教的繁荣而声名远播，

虎溪三笑图
台北故宫博物院藏

寺庙林立，僧侣众多，达到了"僧房五百架庐峰"的鼎盛景象。唐代鉴真法师把慧远的"净土"学说带到日本，至今东林寺仍被日本佛教净土宗和净土真宗视为祖庭。

东林寺前有虎溪桥，相传陶渊明、道士陆修静与慧远大师在此送客时发生了一段著名的"虎溪三笑"的故事。慧远大使隐居庐山"影不出山，迹不入俗。每送客，常以虎溪为界焉"[7]。一日，慧远送别陶渊明、陆静修，相谈甚欢，不觉过了虎溪，三人因此大笑而别。不过从实际来看，慧远大师生卒年为公元334—416年，陆修静生卒年为公元406—477年，慧远大师圆寂之时陆修静年仅10岁，相交结为好友的可信度不高。陶渊明生卒年约公元365—427年，年甲与慧远大师相近，有结为好友的可能。尽管如此，世人仍乐于相信这样的传说，并流传有多个版本的《虎溪三笑图》，主要因庐山儒释道文化繁荣，借以表明儒释道三教一团和气之意。时至今日，东林寺、西

[7]《太平御览·释部·卷三》。

林寺两座佛寺依旧香火鼎盛，遥遥相望的北香炉峰依旧伫立，慧远法师当年的"闲旷"之地依旧凝聚着净土信仰的力量。

石门涧景观廊道

庐山石门涧位于庐山西麓，天池山与铁船锋两峰相对矗立，形如门户，因此得名。内有瀑布飞流直下，蔚为壮观。这片山谷蕴藏着丰富的地质遗迹，展现出大自然的鬼斧神工。慧远大师曾循此路径攀登至天池山顶天池寺，是最早开辟的登山线路之一，明代旅行家徐霞客也曾在此上山。石门涧不仅以其险峻的奇峰深涧著称，更是一条承载着深厚文化底蕴的景观长廊，多有文

石门涧

学艺术、诗词题刻传续至今，是庐山山水美学的重要载体之一。

九十九盘景观廊道

九十九盘古道位于庐山西麓，开辟自明代初年，由朱元璋下令修建。古道自山脚蜿蜒盘旋直至山顶御碑亭，因沿途铺有石板而成为明代以后主要的登山道路。御碑亭即前文所述朱元璋为纪念周颠于明洪武二十六年（1393）所建的亭子，是全国重点文物保护单位。碑亭坐落于月台之上，亭的东、南、西三面开门，四角立方石柱，正脊两头饰鳌鱼，鳌鱼张口吞脊，脊中缀有宝瓶，亭中立有朱元璋亲自撰写的御制碑。御碑亭地势高耸，视野开阔，可向

御碑亭俯视长江

西北俯视长江，正是陈友谅当时顺江而下的方向，朱元璋在此立碑除纪念周颠外，更多也是彪炳自己战胜陈友谅、统一全国的功绩。庐山御碑亭是庐山目前保存较为完好的明代建筑，是明太祖朱元璋敕封庐山为岳的实物见证。

南麓

简寂观景观片区

文化名人在庐山的活动产生了集聚效应，促进了士人对于庐山山水审美的探索，也吸引了修道之人前来寻仙访道，简寂观就是道教在庐山兴起的典型代表。简寂观位于庐山南麓金鸡峰下的深山谷地中，山环水抱，风水极佳，庐山因此成为道教名山之一。该观始建于南朝宋孝武帝大明五年（461），由陆修静创建。陆修静在刘宋时期来到庐山，被金鸡峰下的钟灵毓秀、风光雅丽所吸引，在此建立道观，初名太虚观，以修道、传教。南朝期间，太虚观逐渐成为庐山最大的道观，存有道教经书典藏、药方图符多达万卷，也是当时道教藏书最多的道观之一。道教在庐山南麓的迅速发展，出现了庐山北佛南道争雄的局面。陆修静在建康（南京）去世后，"肤色如生，清香不绝"[8]，弟子们奉其灵柩还庐山，朝廷赐谥为简寂先生，因此其旧居被称为简寂观。简寂观历经唐宋时期的发展一直具有较大影响力。如今简寂观已经衰落，尽管历史建筑大都不存，但散落在片区的石刻仍诉说着这里的精神信仰，千年不变的环抱河流也仍流淌在道家的洞天福地上。

秀峰景观廊道

庐山南麓的秀峰自唐至清一直是士人吟咏集中的地区，是体现山水审美和山水抒怀的重要片区。此处山水资源突出，先贤遗迹集中，其中香炉峰、黄岩瀑布等自然景观正是《望庐山瀑布》描述的对象。秀峰摩崖是全国重点文物保护单位，分布着自唐至近代石刻182通，包括唐代颜真卿、宋代米芾、

---

[8]《庐山记·卷三·叙山中篇》。

秀峰龙潭石刻

黄庭坚、贾似道，明代王守仁、李梦阳，清代康熙帝、太子胤礽、宋荦，近代韩国学者李宁斋等人的题刻。这些石刻，大者四米见方，小者手掌大，正、草、隶、篆皆有，是研究书法艺术的珍贵资料。

东麓

白鹿洞景观片区

宋代白鹿洞书院的兴起是儒学在庐山影响力的重大飞跃。白鹿洞书院位于庐山东麓五老峰下，是中国历史上著名的书院之一，最早可追溯到唐代，由诗人李渤隐居读书并养白鹿自娱而得名"白鹿洞"。南唐升元四年（940），先主李知诰在此建立了书院，称"庐山国学"。《文献通考》中记述"宋

77

白鹿洞

白鹿洞书院——紫阳[9]手植丹桂

---

[9] 朱熹(1130—1200),字元晦,号紫阳。

初有四书院：庐山白鹿洞，嵩阳书院，岳麓书院，应天府书院。未建州学也"[10]。其中"庐山白鹿洞学徒常数十百人"可见在宋朝初年，白鹿洞即在区域范围内具有极大的影响力。

南宋时期，理学家朱熹在书院亲自讲学，确立了书院的办学规条和宗旨，并礼聘著名哲学家陆九渊前来授业。明代时，书院一度荒芜，直到明正统三年（1438）才重新修复并发展起来。

书院建筑群布局考究，现存文化遗存包括先贤书院、礼圣殿、白鹿洞书院、紫阳书院、延宾馆、独对亭、枕流桥、贯道溪摩崖石刻及书院内碑廊收藏的各类碑刻等。在设计上，白鹿洞书院与"四山环合，一水中流"的山水格局及田园风光相结合，展现出一种在自然山水间构筑的修身养性、读书治学的景观意象。

栖贤谷景观廊道

栖贤谷位于庐山东麓含鄱口下，山谷宽阔，自然植被丰富，山水汇聚形成三峡涧。此地地势相对平缓，加之自然风光旖旎，自古便是庐山最为便捷的登山要道之一。栖贤谷融汇了庐山各种典型自然景观和文化主题，是经过漫长历史积淀而形成的多元文化廊道。沿路分布着古桥、石刻、寺庙、别墅等丰富的文化遗存，其中建于北宋大中祥符七年（1014）的观音桥是其中的典型代表，观音桥原名栖贤桥，又名三峡桥，为单孔石构，由五道并列的券组成，拱石为带子母榫的花岗岩，两头桥基立于巨石之上，上有建桥年代及工匠的多处题刻，是全国重点文物保护单位。

五老峰—三叠泉景观廊道

五老峰—三叠泉一线是庐山较为纯粹的、体会山水之美的景观廊道。五老峰以雄奇旷远的姿态傲立鄱阳湖畔，展现出一种超凡脱俗的壮观之美。山

---

[10]《文献通考·卷六十三·职官考十七》。

五老峰—三叠泉

巅视野开阔，俯视鄱阳，吞吐长江，让人不禁感叹天地之辽阔与生命之微末。沿五老峰直下青莲谷，幽静深远，植被茂密，行至三叠泉，奇异瑰丽，两侧铁壁峰陡削峻峭；空间的变化与视觉的冲击让山岳之美的雄奇俊秀与静谧深远展现得淋漓尽致，也是古今士人探索发现自然之美的生动代表。

山顶

天池寺景观片区

天池寺位于天池山顶，因有常年不枯竭的池水而得名。天池山与铁船峰遥

天池山远眺铁船峰、石门涧

遥相望，片区视野开阔，近看可俯视石门，远看可眺望长江，景观环境层次分明，观之不禁让人畅怀舒啸。天池寺为山顶古刹，明代被朱元璋敕封为"护国禅寺"，成为明代庐山山顶重要的佛教中心。天池寺现已不存，沿途的天池塔、圆佛殿、龙首崖及天池寺遗址等依旧保留了片区的景观意向，散落在天池寺周边的有历代摩崖石刻，其中较为知名的有明代心学大师王阳明的诗：

昨夜月明峰顶宿，
隐隐雷声在山麓。

照江崖——王阳明题刻

晓来却问山下人，

风雨三更卷茅屋。

——阳明山人王守仁伯安书

黄龙寺景观片区

黄龙寺是晚明时期庐山山顶名寺，位于庐山北部谷地。整个山谷中古树参天、松杉蒙密，谷中常云雾缭绕，清幽的自然景观与佛教禅意相结合，营造出一种幽深安宁之感。黄龙寺后的庐山赐经亭为全国重点文物保护单位，建于明万历十五年（1587），明神宗为纪念其母肃皇太后，命工部刊印《续藏经》41函，并旧刻《藏经》637函恩赐庐山黄龙寺而建。庐山赐经亭为石构四柱亭，结构独特，工艺精美，是庐山目前保存较为完好的明代建筑物之一。

黄龙寺赐经亭

牯岭镇景观片区

庐山牯岭在近现代时期的开发，是庐山景观格局经历的一次重大变革。1895年，英国传教士李德立"租借"了牯岭长冲河谷的土地，并成立了牯岭开发公司开发别墅建筑群。此后，20余国的传教士、政要、商人来到庐山，并修建了大量西方风格的山地别墅；30余个西方教会在庐山修建了大量的教堂和医院。每年来庐山度假避暑的外国人多达几千人，庐山成为当时中西方文化碰撞的焦点。一时之间，在庐山出现了佛教、道教、伊斯兰教、基督教、天主教、东正教等中西方宗教共荣的局面。民国时期，庐山成为民国政府的"夏都"，其中一些著名的建筑包括"美庐""庐山会议旧址"等更是见证了近代历史的重大事件。

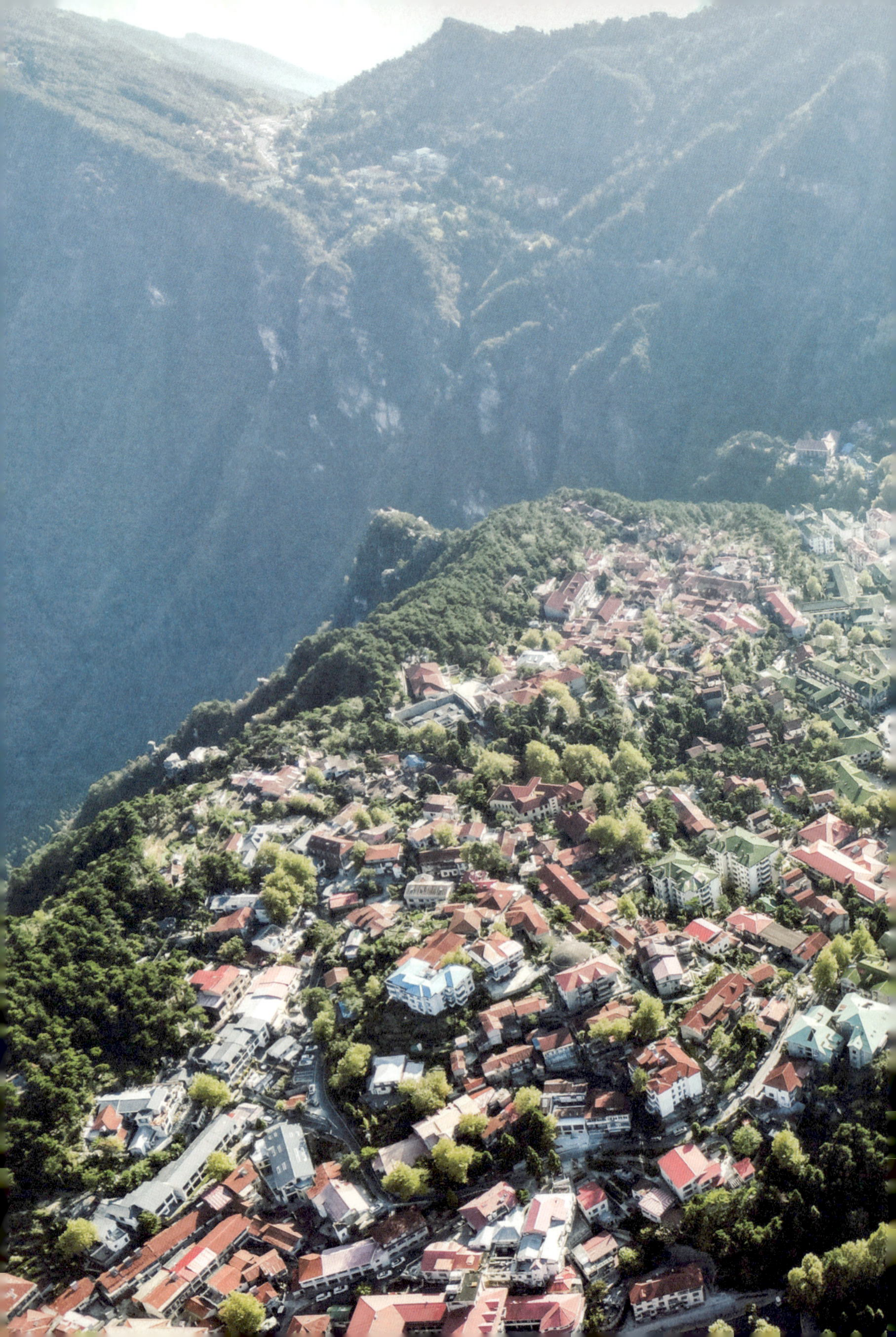

牯岭镇

庐山会议旧址

如今,庐山牯岭别墅建筑群仍保存有600多幢百年老别墅,这些别墅大多建于19世纪末至20世纪初,代表了近20个国家的建筑风格。别墅建筑依山傍水,与自然环境有机结合;采用了欧洲乡村式别墅的形式,建筑材料多为就地取材的石块,外墙厚重且富有质感,屋顶多采用红色铁皮材质。这些建筑错落有致,共同构成了风格独特的云顶山城。

庐山植物园景观片区

1934年,胡先骕、秦仁昌、陈封怀三位科学家创建了我国第一座亚高山植物园——庐山植物园。庐山植物园的独特魅力不仅缘于其丰富的植物资源与科研价值,更在于其巧妙融合自然与人文的园林设计。这座植物园坐落于群山环抱之中,地形多变,沟壑交织。在规划与建设过程中,庐山植物园秉

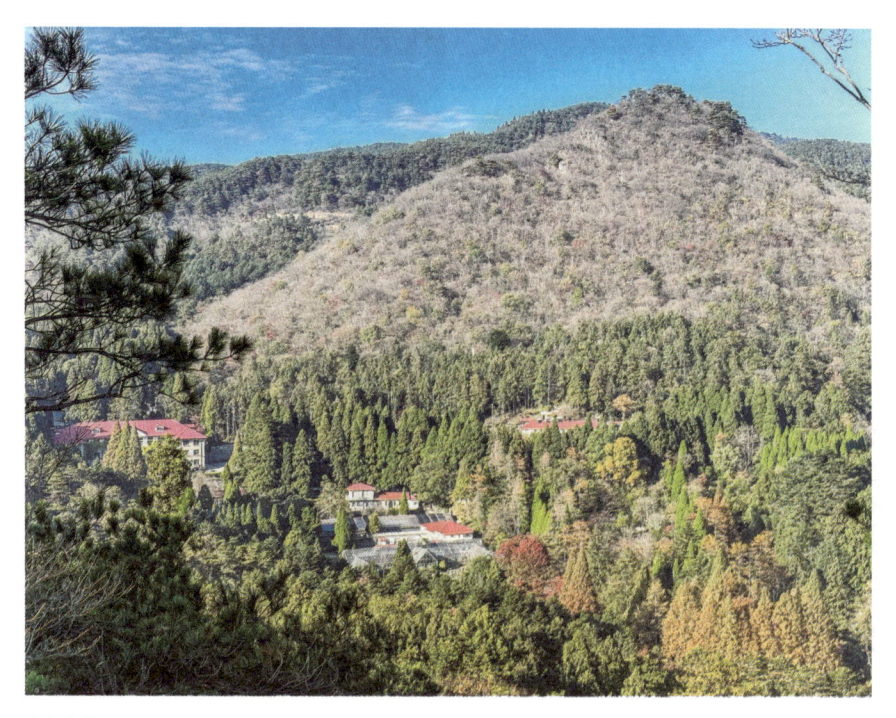

庐山植物园

持着与自然环境和谐共生的原则，依山而建，顺势而为；在园林造景上，巧妙地将中国传统造园艺术和欧洲园林的审美理念与技法相结合，实现了中西园林艺术的完美融合，使得整个植物园在视觉上呈现出一种和谐统一的美感，让人在游览中既能感受到中国传统园林的含蓄与意境，又能体会到西方园林的精致与秩序。

北麓

  好汉坡景观廊道

  庐山北麓的历史文化遗存相对较少，其中一条主要登山廊道——好汉坡廊道，兴起于近现代时期，伴随着牯岭镇开发而建造，沿好汉坡可直上牯岭镇。相对其他景观廊道而言，好汉坡廊道更加注重其功能性作用，道路宽

望江亭　　　　　　　　　　　　　庐山抗战纪念碑

阔，铺有条石，沿途设置休息亭、景观亭、警察所等，是近现代主要的登山道路，彼时曾在庐山活动的政要名流均曾在此留下足迹。此外，竖立于好汉坡廊道的庐山抗战纪念碑也是对这段历史的重要见证。

四、各不同

前文一直在强调"多元"，然而遍及全山的多元文化是庐山的优势，也是长久以来庐山在保护、管理方面面临的主要困境。庐山仅遗产区面积就达302平方千米，相当于北京四环内的面积。自中华人民共和国成立以来，庐山的行政管理经历了频繁变动，导致其行政主体、管理范围及隶属关系发生了十多次重大调整。庐山山顶牯岭镇因为历史原因形成了人口上万且具有完整建制的山顶城镇，加之山下广阔的面积被分割管理，不同区县分别管辖庐山的不同区域，形成了"一山四治"的局面。庐山管理局作为省政府的派驻机构，在行政上与其他周边区县并不直接隶属，这种管理架构进一步加剧了资源分配和利益协调的难度。各区县为了争夺旅游收益，纷纷划定势力范围，通过各自的投资和开发活动将庐山分割成多个小景点，这种管理模式长期以来严重阻碍了其作为世界遗产地的保护、管理与价值阐释工作。

2016 年，江西省调整九江市部分行政区划，撤销星子县，设立县级庐山市，原九江市庐山区、九江县、星子县、管理局等下辖范围内的庐山山体区域均归庐山市管辖，在行政管理方面解决了一山多治的问题。尽管在行政管理方面迈出了重要一步，不过作为一处资源禀赋极其丰厚且遗产要素散落在庐山各个方向的老牌遗产地，各个要素价值阐释及展示间的互动仍是不足的。景区之间各自为政，各自宣传，各打各的庐山牌。三叠泉宣传语"不到三叠泉，不算庐山客"；山南的秀峰景区称"庐山之美在山南，山南之美数秀峰"；太乙村景区说"登庐山不到太乙村，只算半个游山人"；石门涧景区说"不到石门涧，难识庐山面"，这些宣传语一方面反映了庐山多元文化的特征，也反映了庐山遗产地价值阐释割裂的现状。

同时，受旅游宣传、交通可达性、接待能力等诸多方面的影响，目前到庐山旅行的游客仍以牯岭为主要目的地，山顶游主要串联牯岭镇至含鄱口一线的旅行线路，其他登山廊道及具有典型文化景观特征的地区却不为外人所知。这种局面如何破解，其实也颇为棘手，毕竟空间上存在很大的距离，对于短途旅行的游客，短平快的体验才是首选。

近年来，庐山相关单位依托庐山世界遗产监测预警展示中心及博物馆等部门，针对庐山遗产价值阐释与展示面临的问题做出了不同尝试。如在上山索道设置展示中心，让游客到访庐山，先看全貌；再如利用小程序在线直播主要文化景观的实时画面，让观众在线体验不同时间段的景观风貌；又如在游客必游之处开设庐山石刻博物馆、地质博物馆、诗词博物馆等一系列精品博物馆，让游客在多个维度有深度地认知庐山。特别值得一提的是，庐山世界遗产监测预警展示中心通过接入气象部门数据，利用 AI（人工智能）模

由别墅改造的庐山石刻博物馆

型计算自然物候景观出现的温度、湿度等气候条件，进而对罕见的云海、雾凇进行预测、预报，以帮助游客合理计划出行时机，领略难得一见的物候景观。这种尝试在世界范围内都具有极为积极的借鉴价值，该"大型文化景观物候现象预报协同监测系统"[11]，因此得到了世界自然保护联盟的官方推荐。

五、真面目

联合国教科文组织官网中对庐山的描述是：江西庐山是中华文明的精神中心之一。儒释道三教在此汇聚，大师云集，思想薪火相传。自然与人文在此悄然碰撞，交织汇聚成和谐共生的文化景观，成就了无数的文化艺术大

---

[11] 作者译，原文为：Collaborative Monitoring System for the Phenological Phenomena's Forecasting of Large-Scale Cultural Landcape: Case from Lushan National Park, China.

庐山雾凇景观

师，也探讨出一条欣赏、研究、阐释中国传统自然美学的方法[12]。

  2 000年前的司马迁、1 200年前的李白、900年前的苏轼、300年前的徐霞客，他们眼中的庐山在景观视觉上可能并无二致，五老峰的巍峨雄壮、秀峰瀑布的飞流千尺大抵也都是相同的。但也正是这些探索者依托山水审美的持续营建，以及文人墨客的不断吟诵，让庐山壮丽的自然山水巧妙地融合了丰富的人文元素，更与中国深厚的宗教传统、哲学思想及艺术精髓紧密相连，成为中国山岳文化景观的杰出代表。庐山文化景观的演变与中国历史上多次重大的文化变迁紧密相连，如同一面镜子，映照出中国文化生活的发展历程与变化轨迹。它不仅是中国文化多样性的生动展现，更深刻体现了中华民族的精神内涵与民族特性。

---

[12] 作者译，原文为：Mount Lushan, in Jiangxi, is one of the spiritual centres of Chinese civilization. Buddhist and Taoist temples, along with landmarks of Confucianism, where the most eminent masters taught, blend effortlessly into a strikingly beautiful landscape which has inspired countless artists who developed the aesthetic approach to nature found in Chinese culture.

苏州古典园林

人类文化艺术的瑰宝

沈 亮

苏州世界遗产与古建筑保护研究会副秘书长
苏州古典园林申遗全程参与者

1997

苏州北依长江，东近大海，京杭运河南北纵贯，河湖交织，江海通连。这富饶的江南水乡，土地肥沃，湖荡密布，气候温润，四季分明，山明水秀，风物清嘉，自古以来就有"鱼米之乡、锦绣江南"的美誉。

"君到姑苏见，人家尽枕河。古宫闲地少，水港小桥多。夜市卖菱藕，春船载绮罗……"唐诗里描述的小桥、流水、人家，显示出苏州很早就是一座宁静而又富足的城市。明清之际，苏州渐渐成为人间天堂的代名词。富庶繁华，品位高雅，"城里半园亭"，居家在园林，成了苏州一道最亮丽的风景线。

苏州优越的自然条件、悠久的历史和优秀的文化传统孕育了苏州园林，而苏州园林则成为苏州古城的精华所在和重要特色之一。苏州古典园林在明

> **苏州古典园林**
>
> 列入时间：1997年（拙政园、留园、网师园、环秀山庄）
>
> 扩展时间：2000年（沧浪亭、狮子林、艺圃、耦园、退思园）
>
> 列入标准：(i)(ii)(iii)(iv)(v)
>
> 遗产分布：江苏省苏州市

苏州的江南风光

清时达到巅峰，遍布全城各处，数量达 300 余处，若将郊区的园墅计算在内，各种名胜竟多达 798 处。所以，认识苏州园林，也就是认识苏州的古城风貌，认识苏州的文化品位，以及苏州的城市格调和自然生态环境。

苏州古城是产生苏州古典园林理想的自然环境和人文环境。

苏州古典园林是苏州古城不可或缺的城市元素和城市风貌。

1997 年 12 月，联合国教科文组织将以拙政园、留园、网师园、环秀山庄为典型例证的苏州古典园林列入《世界遗产名录》；2000 年 11 月，又有沧浪亭、狮子林、艺圃、耦园和退思园五处古典园林补充列入这个名录。

联合国教科文组织对苏州古典园林的评价是：

没有哪些园林比历史名城苏州的园林更能体现中国古典园林设计的理想品质。咫尺之内再造乾坤，苏州园林被公认是实现这一设计思想的典范。这些建造于 11—18 世纪的园林，以其精雕细琢的设计，折射出中国文化中取法自然而又超越自然的深邃意境。

一、苏州园林的魅力

苏州古典园林是中华民族历史文化长河中的一条涓涓溪流，作为具有高度艺术成就和独特风格的中国园林艺术体系代表，它在上下数千年的巨流大川中萌生、发展，并随着时间的流逝，沉积下来一条丰富而美丽的轨迹。园林承载着中华优秀传统文化的方方面面，也是人类居住文明的艺术典范。走进苏州园林，既是一次赏心悦目的艺术享受，更像是在读一本厚厚的文化读本。

苏州园林简史

从自然条件来说，苏州地处长江三角洲的太湖之滨，气候温润、山水秀丽，全境宛如一座大花园，是苏州园林比照模拟的天然画本。同时，太湖地区花木品种繁多，还出产一种叫太湖石的石头，奇绝无比，这些都是构筑园林的重要材料。在人文条件方面，苏州自春秋时期吴王在此建立都城以来，

苏州太湖的自然山水

一直是江南地区重要的政治、经济和文化中心之一，经济发达、工商业繁荣、人文荟萃，城市建设达到一个很高的水平。特别是与造园有密切关系的建筑、绘画、工艺美术和园艺等专业方面，技艺高超，人才辈出。

苏州园林历史悠久，可以追溯到2 000多年前的春秋时期（公元前770—前476）。苏州建城于公元前514年，此后一直是吴国的都城。据史书记载，历代吴王，从寿梦到阖闾、夫差，在城内和郊外的太湖山水一带，建造了很多苑囿；尽管和后世的园林相比，这些园林还比较简单，但依托自然山水而起端的王家园林也为后世园林的发展打下了物质基础和审美基础。

从秦汉一直到魏晋南北朝时期，苏州的造园活动不是特别引人注目，但有几种园林形式的先后出现不容忽视，这就是私家第宅、山庄园林、风景园林、寺庙园林和衙署园林。

晋代，知识分子爱慕自然，追求隐逸桃源的生活。苏州相继出现山、水、建筑、花木俱全的第宅园林和山庄园林。晋代宅园，"士人共为筑室，

春秋吴国姑苏台图

聚石引水,植林开涧,少时繁密,有若自然",已开始形成自然山水园的艺术风格。此外,王珣、王珉兄弟在郊区虎丘建山庄园林,开风景园林先河。到梁代,因盛行佛教,枫桥寺(今寒山寺)、灵岩寺等佛寺名胜的兴建与发展使得寺庙园林也应运而建。

隋唐是我国封建社会的鼎盛时期。隋代大运河的开凿通航,使苏州日趋繁华。唐代苏州,已成为"人稠过扬府,坊闹半长安"的"繁雄之州",园林名胜日益兴盛发展。唐代造园,楼阁建筑精致,欣赏、运用太湖石较广,园林内花果茂盛,开始有桂花栽培的记载。唐代大诗人白居易先后在苏州与杭州担任刺史,他对江南山水的偏爱,不仅提高了山水风光的价值和地位,而且还大大地促进了园林的兴建,使得苏州郡衙中的园圃规模甚大。白居易还发起开筑山塘河堤,植桃柳2 000余株,他自己"年游虎丘十二度",形成游赏山水名胜的旅游之风。太湖石是苏州园林中重要的叠山材料。白居易就特别钟爱太湖石,他对太湖石的石性、石质进行了分析归纳,专门撰写了《太湖石记》。在离任回洛阳时,他还随身带走了几峰太湖石和一些苏州的荷花品种。

太湖岸边露头的太湖石

　　五代至宋，山水诗、山水画、山水园林进一步发展，互相渗透，对后世的写意山水园林的建造也产生了重大的借鉴意义。五代至宋，苏州园林虽然不算很多，但都非常著名，如吴越王钱氏的外戚孙承祐曾拥有南园的一部分，吴越国归宋后，诗人苏舜钦建造了著名的沧浪亭。园外清流萦绕，园内古木参天，竹影婆娑，漏窗精美，堂轩简朴，淡泊宁静。彼时在城市的核心郡治一带，出现了府署园林，如《吴郡志》中记载的假山"芳坻"颇负盛名。此外，朱长文的"乐圃"，史正志的"渔隐"（网师园前身）等园林也都名噪一时。景祐二年（1035）范仲淹在苏州办府学，其学制完善、建筑雄丽，池圃幽邃，为江南诸学之冠，开"府学园林"的先河，在造园史上留下了重要的一页。12世纪初，宋徽宗亲自参与在开封建造皇家苑囿"艮岳"，苏州以太湖石为代表的园林资源备受青睐，为此，朝廷专门设置"花石纲"，将天下奇花异木、嶙峋美石源源不断地运往东京（开封）。由于皇室的需要，竟促成了苏州地区一种崭新的职业——"花园子"应运而生。这批以栽花、叠石、造园为生的人，对以后苏州地区园林的发展，尤其是花木盆景行业和假山叠石行业的形成，影响巨大。

沧浪亭

北宋花石纲遗物瑞云峰

狮子林假山

元代苏州园林的典型实例是寺庙园林狮子林，由首位园主惟则主持落成，据说曾邀请画家朱德润、倪元镇、徐幼文等共商叠成。狮子林的假山叠置时，运用了写意的技法，假山各峰已非自然山峰的写照，而是飞舞欲举、体现山峰精神的艺术作品，即"一峰则太华千寻"。这种写意的造园方法，当时虽还未完全成熟，但已成为苏州园林形成自己风格的标志。元末明初的大画家倪云林在洪武年间作了《狮子林图》。据说乾隆皇帝第一次光临狮子林，就是带了倪云林的那幅画按图索园的。乾隆曾六游狮子林，对园中景色近乎痴迷，不仅反复临摹倪云林的画，还先后在北京圆明园、承德避暑山庄分别仿建了一座狮子林。

明代中叶，苏州出现了著名的"吴门画派"，他们创立的"文人画"成为画坛的主流。吴门画派的山水画具有平淡天真、温润柔秀之风，带有江南山水浓郁的风情。画坛的这种主流格调，在很大程度上决定了民间造园活动的美学趋向，促进了雅逸作为园林规划和细部艺术处理的基本原则。

从明至清，苏州园林进入了鼎盛时期，文人、造园家与工匠三者的结合，促使造园向系统化和理论化方向升华。特别是吴江人计成（1582—？），通过实践和总结，将历代江南造园的经验整理成书，写出了第一本具有世界影响力的园林专著《园冶》，在明崇祯七年（1634）刻印发行。《园冶》从总体上阐明了中国造园艺术的基本规律和准则，共分三卷，还附有手绘插图235张，对园林建造艺术发表了独特见解和精辟论述。其译本迅速传至日本、欧洲等地，被尊为世界造园学名著。与计成基本上同时代的文徵明的曾孙、书画家文震亨（1585—1645）撰写成《长物志》12卷，内容涉及建筑、植物、山水、动物、陈设等多方面，分论造园诸元素的要求和规范。这一时期，除

20世纪80年代出版的《长物志校注》

了有艺术素养的高僧、文人、画家参与造园外，无园不石的风气又造就了几位杰出的叠石大师，张南阳、周秉忠、计成等一批造园家成名在前，张涟（南垣）、张然、戈裕良等崛起在后，现存的留园、惠荫花园、耦园、环秀山庄、燕园等处都是他们的传世遗作。

民国时期，由于时局动荡，政治、经济形势风云变幻，民间真正的造园活动不多，但西风东渐，许多时髦的建筑材料也出现在私人第宅和古典园林的修缮上。如狮子林的彩色玻璃、钢筋混凝土材料等，给苏州园林注入了新的内容。还出现了仿古第宅园林和带有西式建筑元素的洋房花园，突出的有启园、天香小筑、朴园、荫庐、姚氏园等。1927年北伐胜利后，苏州建成了第一个现代城市公园——苏州公园。

读懂苏州园林

苏州古典园林中占主导地位的，就是"文人写意山水第宅园"，也一向被称为"文人园林"。苏州园林讲究诗意。苏州园林，在形式上，做到"宅"与"园"的完美结合；在功能上，注重实用性和艺术性的和谐统一。

那么，今天我们进入苏州古典园林，又该如何着眼，即从哪个角度才能更好地领略苏州园林的魅力呢？

第一，苏州园林的写意山水艺术是中国传统艺术的精华。苏州园林被称为立体的画、凝固的诗、无声的音乐。这是历代文人沉淀下的美学观、艺术观的实物体现。

苏州园林在一个不大的天地中，因地制宜、就洼疏池、沿阜堆山、营造亭榭、种花植木，构成丰富多彩、幽美诱人的画面和景观，淡雅幽静，充满着诗情画意。正是造园者深厚的文化素养，才使得中国优秀的传统文化在园林创作中得到了形象地外延。

走进苏州古典园林，就如同走进了一幅幅立体的山水画，一池碧水，几抹青山，亭台楼阁，花木掩映，让人疑在画中。从门外喧闹的街市走来，一步就走进了自然，这不能不使我们感佩古人的智慧和创造！

留园濠濮亭

　　建筑、山、水、花木是苏州古典园林的四大要素。苏州园林里的建筑轻盈素雅，装修细致精巧，布局自由灵活，"花间隐榭，水际安亭"。造园者着意把自然风光纳入建筑空间，把可居的建筑注入自然山水之中。在苏州园林，看不到金碧辉煌的浓艳，映入眼帘的是粉墙黛瓦，青砖绿苔，淡雅清新如写意水墨。

拙政园香堂与周边建筑

拙政园中的花园山水

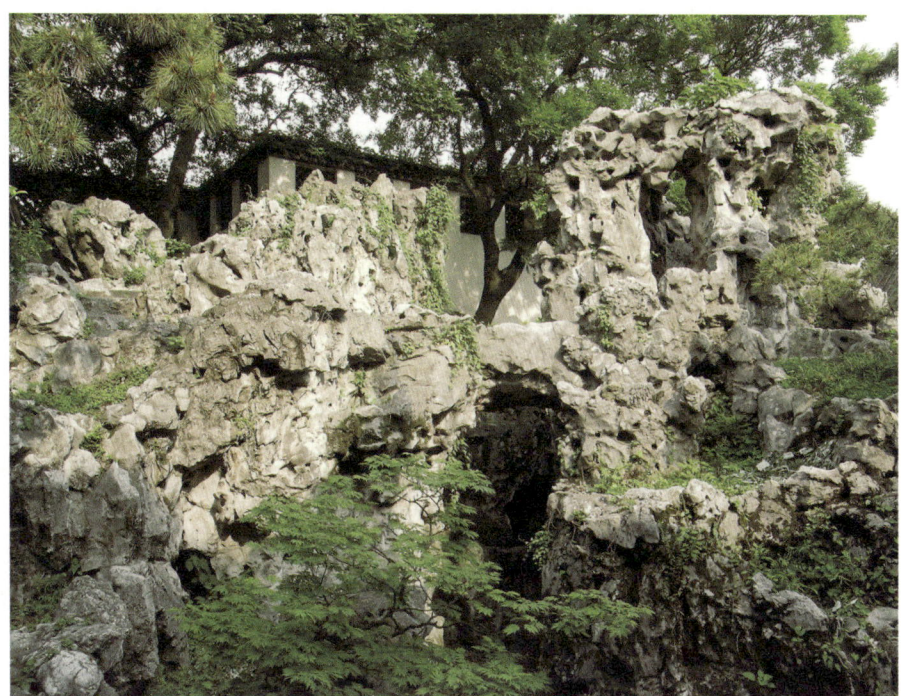

环秀山庄叠山

拙政园中部水景

苏州古典园林

动观流水静观山

丽日牡丹发几枝

　　为了表达自然山水的意境，苏州园林采用了多种艺术手法，如借景、对景、分景、隔景等来组织空间，形成巧于因借、曲折多变、小中见大、虚实相间、移步换景的景观艺术效果，表现出具有中华民族传统特点的空间意识和空间美感，最终达到"虽由人作，宛自天开"的艺术效果。

第二，大多数苏州古典园林在本质上是中国江南地区私家住宅的附属部分，是苏州城市风貌特色的浓缩。按史书记载，苏州城已经存在了2 500多年。今天能够真正领略古城风貌的历史实物，除了城市道路水系的框架格局外，园林就是最为重要的内容之一。

园林存在于苏州古城内，在历史上为街坊林立的市井保留了相当一部分的自然风光。苏州园林中的山，映照着太湖边的山色：平冈小坡，点石立峰。苏州园林的水，流淌着江南的宁静：水涧、小溪、池塘、河流、港湾、野渡……朴素的河沿台阶散发着江南人家的味道。苏州园林中的树，有的烟雾笼罩（新柳），有的镶红滴翠（青枫红枫），有的凝重深沉（松柏），有的娇嫩亮丽（朴树叶），令人神清气爽。如宋代沧浪亭建造时保持了"草树郁然，崇阜广水"的景象；明代前期的东庄，实际上是一座庄园式园林；明代中后期所建的拙政园，依然保持了唐代"不出郛郭，旷若郊野"的景观现象；清代的环秀山庄假山，则是模拟城西郊大阳山堆叠而成。

环秀山庄石室

苏州古典园林在明清时达到巅峰,遍布全城各处。所以,可以想象,这样众多的园林,高雅的环境艺术创造,会产生怎样美丽的城市风光。认识苏州园林,也就是认识苏州的城市格调。

第三,苏州古典园林是苏州民俗生活的映现。以宅园合一的第宅园林为例,从功能上来说,它主要是一个生活场所,是住宅的延伸空间。园林,正是苏州民俗生活的综合展示场所,苏式建筑、苏式家具、苏式菜肴、苏式工艺、苏式盆景等,都被收纳于苏州园林中,清晰、生动地反映苏州的风土人情、生活方式、娱乐演艺活动、民间礼仪习俗等。在中国历史上,苏州人高品位、高层次的生活方式曾经影响深远,不仅为各地争相仿学,甚至影响到远在北方的皇家宫廷。

园林艺术化的精致生活方式,最主要的有琴、棋、书、画、演奏、戏曲

狮子林花窗——琴棋书画

演出等。为了满足这些需求，园林中还专门有比较固定的景观场所，如网师园琴室（听琴）、看松读画轩（观画），拙政园的卅六鸳鸯馆（拍曲），留园的还读我书斋（读书）等。除此之外，如饮酒、品茶、纳凉、赏月、观鱼，甚至饲养有传统文化涵义的动物（如猕猴、仙鹤、白鹿、鸳鸯等），都是有品位的休闲活动，如耦园的"载酒堂"（以酒为题，述说了和朋友一起饮酒的友情），拙政园的"与谁同坐轩"（通过赏月，表达了想融进自然界的愿望），留园的"鹤所"（饲养仙鹤来祈求长寿）……

网师园琴室

网师园书房画室

专为拍曲建的拙政园卅六鸳鸯馆

苏州古典园林

园林雅集曲水流觞

苏州古典园林可居、可行、可望、可游，既能满足各类生活起居的日常需求，又提供了赏心悦目的优美环境。特别是在这个充满着诗情画意的艺术天地中，日常生活也变得艺术了。这种生活，除了稳固的物质基础外，享受者还必须具备高雅的情趣，高雅的文化素养，高雅的精神追求。

第四，苏州园林是名人轶事和历史变迁的见证。苏州园林作为苏州城市的组成部分，很多名人的活动，都曾经在园林里举行，很多历史事件，也往往在园林里发生。甚至可以说，一部苏州园林的兴盛变迁历史，就是苏州古城的兴盛变迁历史，或者从中可以解读出更深刻的历史文化内涵。

以苏州目前最大的古典园林拙政园来说，由于住宅大，园林大，位于城东北要冲，为权

111

贵名流所瞩目，是苏州几百年来政治、经济、文化、社会各方面风云变幻、兴衰变迁、翰墨风流的一个侧影。它曾是太平天国的王府，高等学府（社会教育学院），霸主驸马府（潘元绍、王永宁），省府（李鸿章行辕，日伪省府），高官宅园（陈之遴、吴璥、张之万），寺观（大弘寺、宁真道观、香象庵），将军第（宁海将军、王严二镇将）；更屡为儒臣才士、名流豪富的宅第，如工于画事的王心一侍郎、南宋以来第一女词人徐灿，文人钱谦益和柳如是，以盐商起家的张履谦，祖上业盐、却改科举出仕并精于史学的查世倓，富潘家族的潘师益，以医药致富的惠吉堂贝氏等。拙政园也是当时第一流文人学者，如文徵明、唐寅、恽南田、沈德潜、袁枚、赵翼等觞咏高会之地。明史专家王春瑜曾说，江南园林是明代历史的窗口。从拙政园的窗口，可以窥见明清以来历史巨轮转折前进的轨迹，感悟若干兴衰治乱的规律。绮楼秀阁，碧池青丘，见证了明清易代、"王侯第宅皆新主"的巨变，留下了太平军因骄奢佚乐而败亡的启示，烙下了沦陷期间被奴役的屈辱和情报高手出入虎穴的印迹，还曾在此发出了人民解放军进入苏州的第一条无线电波。一座园林蕴藏着这样丰厚的历史内涵，同时也留下了一系列历史之谜，耐人寻味，诱人探讨。

苏州园林与历史名人和历史事件的密切关系不胜枚举，使一处处园林变成生动活泼的历史立体画卷，凸显了很多鲜为人知的史料。苏州园林，不仅是宝贵的物质遗产，也是丰富的精神遗产。

第五，苏州古典园林还是传统工艺技术的"文化记忆"。在苏州古典园林的兴盛时期，苏州的经济、文化处于全国领先地位，涌现了大量全国一流的建筑师、工艺师，园林既是他们创作的源泉，也是展示他们优秀创作的场所。这些传统工艺技术的成就，被完整地保存在苏州园林之中，成为今天的"文化记忆"。

苏州古典园林的精美，不仅体现在设计、施工，还体现在作为景观主体的建筑细节、装修局部、陈设制作等上面。如做工精细的门窗梁柱、生动细腻的屋宇泥塑、图案多变的花街铺地等，还有室内的各式家具、陈设、摆

耦园还研斋的装修和陈设

松鹤图案铺地

件、匾额、楹联等，以及砖细、石作、雕刻、花木盆景栽培……无不体现了园林传统工艺技术的博大，这些蕴含着古代工匠聪明才智和精湛技艺的留存，成为苏州非物质文化遗产的实物展示。

如果用一句话来概括列入《世界遗产名录》的各个园林主要特色的话，大致应该是这样：

拙政园	清逸疏朗的水乡风情	写意山水的杰出画本
留园	精湛丰富的空间处理	书法石峰的艺术集成
网师园	以少胜多的小园极则	精致典雅的宅园典型
环秀山庄	独步江南的湖石佳构	造园叠山的生动教材
沧浪亭	崇阜广水的城市山林	千秋文脉的传承学府
狮子林	风月无边的禅意真趣	盘环曲折的石品洞天
艺圃	剪山裁水的太湖片角	高风亮节的君子宅园
耦园	佳偶双隐的爱情诗话	枕波临街的水城人家
退思园	因地制宜的贴水妙构	江湖野航的画里风光

留园银杏秋景

网师园引静桥远眺

艺圃山水

拙政园杜鹃花会

苏州古典园林

二、天堂梦圆——回首世界遗产之路

苏州市从1994年开始进行苏州古典园林申报世界遗产工作，短短六年，就有九处古典园林群体申遗成功。可以说，申遗的过程，就是站在新的高度，从世界文明发展的角度重新深读园林，深研园林。

苏州古典园林申报世界遗产工作，特别是申报文本的起草工作，这对当时从未与国际世界遗产保护理论和与国际组织接触过的苏州园林工作者来说，是一项重大的研究课题。申报过程，就是一次对苏州古典园林全面梳理的过程，一次再认识的过程，一次开拓苏州园林研究空间的过程，一次理论创新的过程。

1979年，刘敦桢先生的《苏州古典园林》正式出版，让苏州园林的研究在沉寂多年后再次令人瞩目。随着改革开放带来的文化热潮，在20世纪80年代到90年代中期，一批研究苏州古典园林的专家学者陆续产生成果，最著名的是童寯的《江南园林志》（增订版）、陈植的《园冶注释》《长物志校注》出版，彭一刚的《中国古典园林分析》等专著陆续出版，苏州当地学者金学智的《中国园林美学》、曹林娣的《苏州园林匾额楹联鉴赏》问世……苏州园林文化达到了前所未有的繁荣。

基于当时的认知水平，在苏州古典园林申报世界遗产的申报文本初稿

申报文本中文版

中，主要的关注点是局限在园林本身的内容，也就是突出描写了它们的美学特征，文本初稿这么表述：

"苏州古典园林在中国园林发展史上和中国美学体系中具有继承性和典型性的意义，它们共同的建构内涵和所具有的审美价值可概括为三个方面：

1. 由精致的建筑形式形成的建筑之美；

2. 由美丽的泉石花木形成的自然之美；

3. 由丰富的历史人文内涵形成的人文之美。"

这种认识，是基于当时学术界众多理论的哲学思考而得出的结论，也体现了当时国内苏州园林学术理论成果的普遍水平，平心而论，不能说这种结论是错误的。

但是，对照联合国教科文组织申报世界遗产的五条标准（《实施〈世界遗产公约〉的操作指南》1992年版，但当时我国并没有中文译本全文），很显然还存在着很大距离。

标准 i. 代表一种独特的艺术成就，一种人类创造精神的代表作；

标准 ii. 在一段时期内或世界某一文化区域内，对建筑、古迹艺术、城镇规划或景观设计的发展产生过重大影响；

标准 iii. 能为已消逝的文明或文化传统提供独特的或至少是特殊的见证；

标准 iv. 是一种建筑、建筑群及景观的杰出范例，展现历史上一个(或几个)重要阶段；

标准 v. 是传统人类居住地或土地使用的杰出范例，代表一种(或几种)文化，特别是由于不可逆变化的影响下变得十分脆弱；

标准 vi. 与具有突出普遍意义的事件、文化传统、观点、信仰、艺术作品或文学作品有直接或实质的联系(这条标准不作为独立标准，要与其他标准一起使用)。

园林申遗如何"符合国际标准"，简单来说，就是要符合《保护世界文化和自然遗产公约》的规定标准。在30年前，对这个领域，国内研究几乎一片空白，更没有可以借鉴的案例；不像现今关于世界遗产的出版物达上百种,如果不懂,还可以在网上搜寻。而那时既没有网络,也没有与国际组织联系的途径。我们获得的资料,唯有一份国家部委发的《保护世界文化和自然遗产公约》打印稿,一本世界知识出版社的《世界文化和自然遗产》(简介);甚至在国家部门,也还没有完整的世界遗产操作指南,更罔提中文版。没有经验,没有捷径,只能靠反复研读,吃透精神,把握实质,结合实际,斟酌文字。而且,那时还没有办公电子化,没有电脑写作,所有文字全要靠一笔一笔写下来,写一稿,改一稿,誊清一稿,打印一稿⋯⋯讨论修改后,再誊清和打印,如此往复。

关于世界遗产的价值,我们所了解的,就是"历史价值、文化价值、科学价值(或者是艺术价值)"。但又很显然,申报文本既要从这三方面进行说明,又绝对不能就事论事地照套"历史、文化、科学",否则,世界遗产还有什么"唯一性、独特性"?

总而言之,我们需要解决的,就是在国际普遍标准和全球视野下,阐释苏州园林的世界意义到底在哪里?

回顾世界园林发展史,园林是一个广义的文化形态和现象,东西方造园艺术的理念和实践几乎齐头并进,大致都发生在1—2世纪中国西汉和罗马帝国时期,在当时的长安和罗马,规模宏伟的帝王御苑和私家花园相继出现,这是一个人类史上从思想到物质都高度发达的时代。丝绸之路的开辟,使中国的艺术流传到了波斯和西亚。5世纪,西亚造园艺术传入欧洲,现存于西班牙的伊斯兰庭园"红堡园"和"园丁园",庭与庭之间以洞门漏窗相通,花街用鹅卵石铺成;其布局手法、花纹图案与中国古典园林对照,从形态到寓意都极其相似。16世纪中叶,当苏州古典园林蓬勃发展的时候,日本禅宗山水和文人庭也日趋成熟;17世纪起,西方造园艺术也达到了一个辉煌的阶段,不仅庄园极盛,大型宫苑如凡尔赛宫等也陆续建成;18世纪英华庭院风行一时。与此同时,伊斯兰花园在印度西北部、克什米尔、巴基斯坦等地大放异彩。百余年间,东西并举,将世界造园艺术推至一个高峰,成为世界造园史上的一段奇观。中国园林、欧洲园林、伊斯兰园林作为世界三大造园体系的论断已被世界所公认。

但是，园林本身却又是非常脆弱的。由于各种历史原因，特别是战争的破坏，短短几百年间，沧海桑田，世界三大造园体系中令人瞩目的历史园林实体遗存并不丰富，有些还处于濒危状态。在中国，曾经显赫一时的六朝园林、唐宋园林大多都已不存。即使园林艺术巅峰、明清时期所建的北京"三山五园"等皇家园林，除众所周知的圆明园被毁事件外，现在保存完好的也仅是晚清重修的颐和园而已。在传统的中国古典园林中，目前保存完好的苏州古典园林尤其显得珍贵，成为人们了解、研究古典园林，以及与其他文化遗产相互关系的实物代表和范本。

文本起草小组的专家和工作人员熬过了多少个不眠之夜，查阅了无数的资料，把视野从园林围墙内，扩大到更广阔的背景。在时空上，了解学习了世界建筑、城市建设、中西方园林的发展历史；在内容上，跨越学科，拓展思想文化内涵，进行多学科比较分析，了解前沿研究信息。在国家部门和各方专家的指导和帮助下，最后达成了共识，最后形成的文本，从五个方面阐述了苏州古典园林的世界遗产价值，把对苏州古典园林的认识推到了一个新的高度。

1. 苏州古典园林在世界造园史上具有独特的历史地位和价值；
2. 苏州古典园林的写意山水艺术思想是中国园林艺术的主要精华，具有鲜明的艺术特征；
3. 苏州古典园林具备良好完美的居住条件，反映了人类对完美生活环境的执着追求；
4. 苏州古典园林具有丰富的社会文化内涵；
5. 苏州古典园林是造园艺术的典范，园林理论研究的重要范本。

同时，申遗团队还注意到，苏州古典园林是人和自然和谐相处的优美人居环境，主要体现在：

园林是苏州城市风貌特色的浓缩；园林是苏州民俗生活的映现；园林是传统工艺技术的"文化记忆"；园林是当代创造"人与自然和谐"城市环境

的活态样本。

在这里，我们对苏州园林从一般的"美"的认识范畴跃升到具有"世界经典"意义的平台上，对它价值的认识有了质的飞跃：苏州古典园林符合世界文化遗产六条标准中的五条（按照联合国教科文组织的规定，只要符合其中一条，就有可能被列入世界遗产）。

在正式送呈申报文本前夕，慎重考虑到东西方文化表述和理解的差异、园林文化的特殊性，以及国际组织内部的复杂性，为避免节外生枝，申遗团队做了低调处理，把文本结论中原来"符合五条标准"改为"符合三条标准"。出人意料的是，在第二十一届世界遗产委员会会议上，世界遗产委员会成员却一致认为苏州古典园林符合五条标准！消息传到苏州后，所有参与者均感慨不已。由此加深了对教科文组织的了解，促进了对国际理念的深入探索。

1997年和2000年的世界遗产证书

在 21 世纪对人类居住环境的审视中，园林文化也已成为一门日益完善的兼容性很强的综合学科。苏州古典园林所体现的人类对自然环境的基本需求及认同成功地将生态和艺术糅合在一起，不仅是历史文化的无价瑰宝，其当代作用也不同凡响。"人与园林——从理想到现实"，苏州古典园林已经做出并将继续做出它对全人类的贡献。

三、名园长留天地间

能在世纪之交将苏州园林推向世界，承担维护和弘扬苏州美景与苏州园林文化的重任，是苏州人的幸运。苏州已是世界的苏州，苏州园林是人类文明凝成的一缕馨香，是全人类的文化遗产。保护并管理好这一民族瑰宝，是中华儿女的神圣职责。

苏州一直在思索的是，在今天，怎样才能让苏州园林得到更进一步的保护？我们的保护思路如何进一步延伸？新世纪园林保护与管理这篇大文章的破题之处在哪里？

早在苏州园林申遗初期，从 1996 年 7 月至 1997 年 4 月，苏州市园林管理局先后投入 800 多万元，按照《保护世界文化和自然遗产公约》的标准，整治园林内外环境，整改有碍景观的建筑物上万平方米，拆除违章建筑近千平方米，下埋各类杆线 3 000 多米。

1997 年 4 月 1 日，《苏州市园林保护和管理条例》正式施行。这是中国关于园林保护和管理方面的第一部地方性法规。1998 年起，苏州园林扩展项目启动申遗，园林局先后投入 500 余万元，对申遗的五座园林进行了全面整修。如沧浪亭的翠玲珑、五百名贤祠，狮子林的贝氏住宅、湖心亭、真趣亭、石舫，耦园的长廊、厅堂、黄石假山，艺圃的主体建筑等，都是先依据历史资料论证后施工维修。又如狮子林紫藤架构筑已到寿命极限的问题，在听取了联合国教科文专家考察时提出的建议后，又多次邀请国内外专家进行论证，最后制订了科学合理的修复方案，保持了古典园林的传统特色。整治

维修施工

中重点对园中的水池进行了疏浚清淤和生物治理；对古树名木加强养护复壮，合理精心配置，保持了一些历史植物景观；对反映园林文化内涵的各类陈设进行了调整、充实、整理、恢复，修缮了部分匾额、楹联、字画，进一步提高了古典园林的文化内涵。同时，为配合申遗，完成了艺圃住宅部分的27户居民的动迁工作，并投资500余万元对其实施抢救性保护和修复；投资800万元建设了狮子林停车场及配套设施。

从2000年起，园林局逐步开始运用国际标准对古典园林（包括风景区）的管理加以规范，经过多年努力，初步建立了具有现代化标准的管理模式。如拙政园通过了ISO9002质量体系的认证，虎丘通过了ISO9001/14001质量、环境管理体系，并接受了BSI英国标准协会的认证。当年拙政园、留园、网师园、狮子林、虎丘等均申报成为4A级旅游景区（点），目前拙政园、留园、虎丘等已为5A级景区。同时，园林局加强风景名胜区的保护和管理，从2002年下半年到2003年10月，根据市规划要求，动迁了寒山寺前古、新

中外专家共同讨论保护之路

运河中间呈条状岛上的148户居民，投资6 000万元人民币，建成占地3.5公顷的江枫洲景区，和枫桥、铁铃关两处省级文物保护单位及枫桥史迹陈列馆一起，构成历史文化新景区。

2004年9月，在全国尚未对文化遗产保护领域开展监测预警系统建设的情况下，为了科学、有效地保护苏州古典园林，提高保护工作的国际化水平；同时为确保苏州古典园林经得起教科文组织每六年一次、国家每两年一次的监测，先期开始进行了"世界遗产·苏州古典园林监测研究"。至2007年11月，初步建成"世界遗产苏州古典园林监测和预警系统"的实施方案，得到国家文物局的肯定。

让我们珍惜先人为追求人与自然和谐相处而做出的独特创造吧！"城市山林""花园城市"，历史坐标在这里重合，我们拥有苏州古典园林，我们拥有一个2 500年的苏州！

殷墟

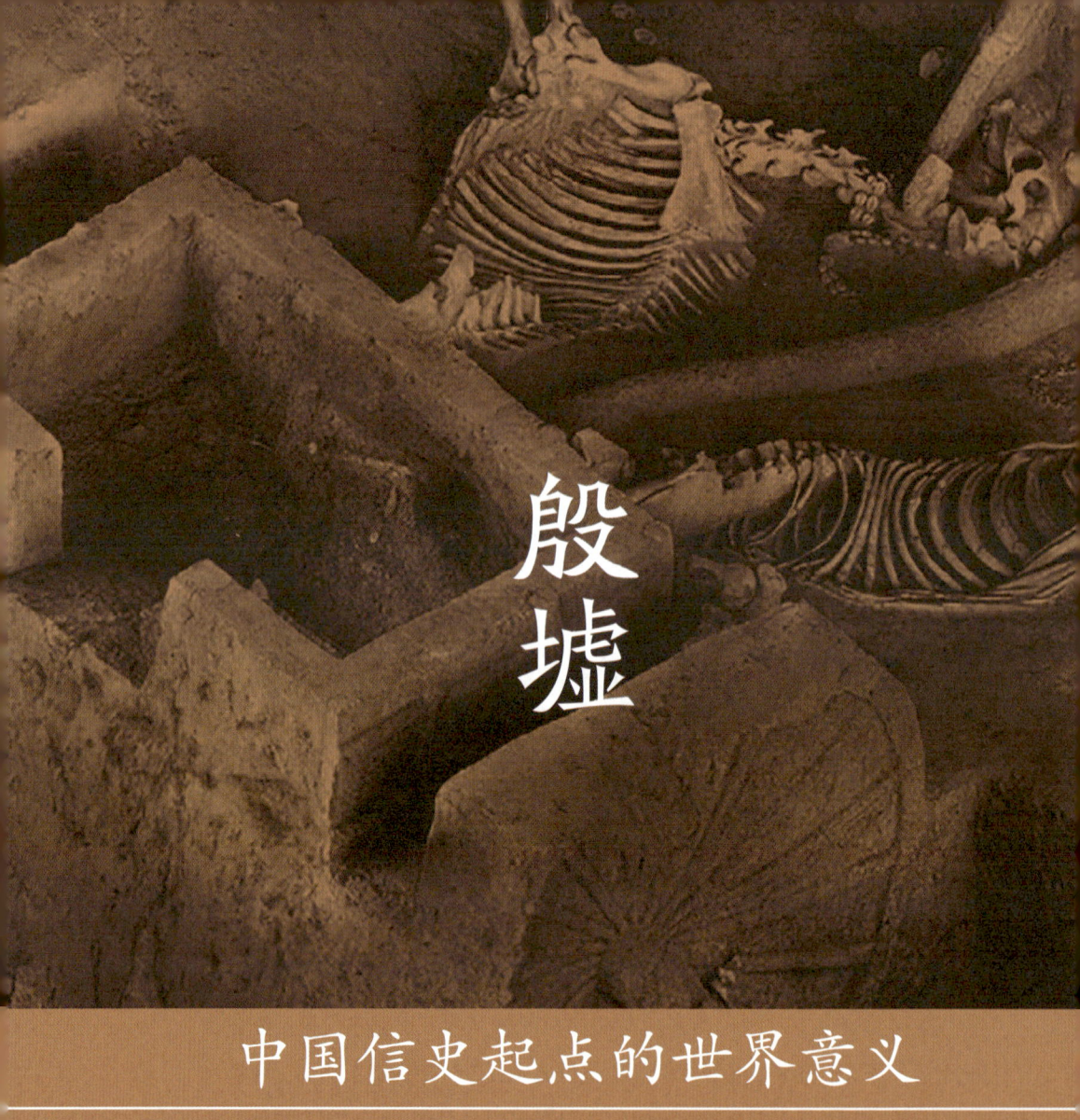

中国信史起点的世界意义

李熠旸 钟雯
南方科技大学文化遗产研究中心核心成员

2006

殷墟，商王朝晚期的都城遗址。3 000 年前，商朝人称之为"大邑商"。殷墟所在的河南省安阳市地处华北平原的南部边缘。殷墟遗迹以小屯村为中心，沿洹河两岸分布。

> **殷墟**
> 列入时间：2006 年
> 列入标准：(ii)(iii)(iv)(vi)
> 遗产分布：河南省安阳市

殷墟遗址地理空间宏大，内涵丰富。发现有宫殿宗庙基址、王陵、祭祀坑、甲骨窖穴、手工业作坊、道路、水渠，以及众多以"族"为单位的居址、墓地等，出土了刻辞甲骨、青铜器、玉器、陶器等文物。位于殷墟东北的洹北商城，发现有城墙、宫殿区、手工业作坊等。

洹水两岸丰富的地下遗存证实了司马迁在《史记·殷本纪》中记载的历史，使商王朝的历史成为信史，驳斥了 20 世纪初盛极一时的疑古之风，并由此获得重建中国古代史的可靠起点，为中国历史学研究奠定了坚实的基础并产生了巨大的推动力。

2006 年 7 月 13 日，殷墟被列入《世界遗产名录》，宫殿宗庙区与王陵区被列为遗址核心区，面积为 414 公顷，连接两处核心区的周边区域则为遗址缓冲区，与之相邻的洹北商城遗址亦被纳入缓冲区，总面积为 720 公顷。

殷墟为何能被列入《世界遗产名录》，又是如何被列入《世界遗产名录》的呢？

一、叩问地书映百年

1928 年，中央研究院历史语言研究所成立，随后组织殷墟发掘。1928—1936 年间，历史语言研究所一共在安阳实施了 15 次发掘。董作宾是首位到殷墟发掘的学者，随后李济、梁思永等先后参加到田野发掘中。李济、梁思永作为中国最早受过西方考古训练的学者，在发掘中起到了重要的作用；在他们的指引下，西方现代田野考古理念和发掘技术得到充分应用。中国第一批考古学家在此得到锻炼与成长，奠定了中国考古事业发展的基础。

殷墟第六次发掘，小屯 B1区发掘情形

殷墟第十五次发掘，殷墓 YM362工作情形。左下角持软片匣者王湘，墓内伏身绘图者魏鸿纯，右立者李永淦，中后坐者高去寻

梁思永在殷墟发掘期间，于后冈发现了三个相互叠压的地层，明确了仰韶文化、龙山文化、商文化三者之间的先后关系。实现了中国田野考古发掘水平质的飞跃。

历史语言研究所在安阳的发掘成果丰硕。他们发现了被认为是宫殿宗庙的大批夯土建筑，并发掘了王陵。1936年6月，又发现了著名的YH127甲骨窖藏坑，出土了17 096片甲骨。这是迄今为止发现甲骨数量最多的一处。YH127坑也因此被誉为"中国最早的档案库"。

1937年以后，历史语言研究所从安阳撤离，殷墟发掘短暂中断。1950年后，中国科学院考古研究所成立；同年殷墟发掘恢复。恢复后的殷墟发掘取得武官村大墓、殷墟西区墓地、大司空村墓葬和居址、小屯南地甲骨、妇好墓等重要考古发现。1978年，考古研究所划归中国社会科学院管辖。隶属于该所的安阳工作站随即在殷墟腹地的小屯、武官村、孝民屯等地持续发掘，并于20世纪90年代后期开展洹河流域的区域考古调查。

1999年后，新发现连续不断，最令人瞩目的是洹北商城的发现。早期学术研究中的商王朝被分为商早期与商晚期。商早期都邑以郑州商城为代表，商晚期都邑为殷墟。1993年，师从郑振香的唐际根从陶器器形变化中发现了商早期与晚期之间的缺环，并于五年后正式提出了"商中期"的概念。1999年，他带队发现的洹北商城在后续的研究中印证了商中期的存在。而后殷墟遗址内路网、水网的确认，王陵区东、西兆域沟的发掘，池苑遗址及核心岛的发现等一系列成果，持续震惊考古界。

回望殷墟近百年的考古发掘与研究，董作宾依据考古发现的甲骨资料，辨别出"贞人"与占卜的关系，提出了殷墟甲骨的断代标准。李济、梁思永对陶器的分类研究，拉开了类型学研究的序幕。邹衡、郑振香对殷墟陶器、青铜器的分析，以及基于器物分析的殷墟文化分期研究，使得殷墟研究获得了坚实的年代学基础。

殷墟大司空东地车马坑

二、熠熠商都藏盛景

按照当前学界的共识，商王朝可以分为三个阶段：早商、中商和晚商。

安阳既有中商都邑，也有晚商都邑。中商都邑指洹北商城，年代大致在公元前1435—前1250年，而晚商都邑则为传统意义上的殷墟范围，使用年代在公元前1290—前1046年。殷墟与洹北商城地理位置相近，局部略有重叠，都是商王朝政治制度、社会结构、礼制体系、经济活动和精神信仰的载体。

洹北商城

洹北商城位于河南安阳市西北郊，面积约4.7平方千米。平面略呈方形，有内、外城垣。内城位于外城南北中轴线南部，平面呈长方形。

洹北商城内城中南部分布有两处规模宏大的四合院式建筑基址，总面积近 1.6 万平方米。主殿位于基址北部正中，坐北朝南。

二号基址的南部距一号基址后墙 25 米，其北部为主殿，南部是带单个门道的廊庑，东、西两侧同样是廊庑结构。整座建筑总面积约 6 000 平方米。

洹北商城内、外城相套，且设大型建筑于南北中轴线，故知内城应为宫城。一号基址被认为是商王朝的宫殿宗庙遗迹，二号基址很可能是国王的寝殿遗迹。大型建筑一前一后的布局，已具"前朝后寝"的特点。其建筑过程中采用的束棍夯筑技术、双木骨墙技术具有显著的时代特征。建筑遗存所呈现的四合院格局，特别是以回廊环绕主殿、廊庑朝内开放、院墙向外部封闭的"外墙内廊"理念一直影响着后世。

内、外城之间，是商代的居民点及手工业作坊。目前发现的居民点以西北部最为密集。居民点内主要是以夯土为基础的地面建筑，以及大量灰坑和墓葬。作坊位于内城的北墙之外，包括铸铜作坊、制骨作坊等。两种不同门类的作坊相邻，显示出手工业生产之间的协作。铸铜作坊中发现有大量铸铜陶范及部分与铸铜相关的手工业者的墓葬，其中多座墓葬直接以陶范随葬；制骨作坊出土有骨料及部分骨器成品。

出土文物及碳十四测年均显示洹北商城遗址属商王朝中期。少数学者认为洹北商城为盘庚所居之"殷"，多数学者则认为此城即商中期国王河亶甲所居之"相"。

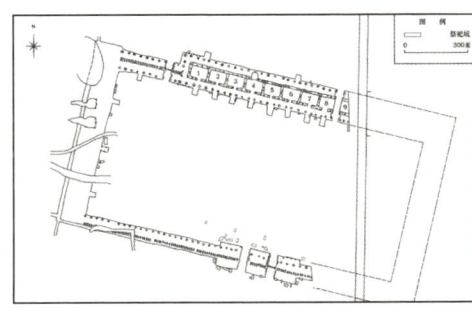

左　洹北商城 1 号基址平面图
右　洹北商城 1 号基址航拍图，领队唐际根于直升机上亲自拍摄

殷墟遗址（20世纪70年代拍摄）

"大邑商"

殷墟作为商王朝都邑始于公元前1290年，终于公元前1046年。经历盘庚、小辛、小乙、武丁、祖庚、祖甲、廪辛、康丁、武乙、文丁、帝乙、帝辛，共8代12王。

都邑核心分布着商王朝晚期的宫殿宗庙、居民点、作坊、道路、水渠、王陵区、族墓地等。

宫殿宗庙区为都邑中心，王族及其他家族以"族邑"的形式散布在宫殿宗庙区外围。宫殿宗庙区与族邑之间、族邑与族邑之间有道路连通，构成干道、邑道等复杂路网。与特定族邑相关联的手工业作坊则择要地而设，要么临近洹河，要么与接通洹河的西北—东南向水渠相依。死后的商王葬于洹河北岸的王陵区。普通族众死后则葬于居民点附近，形成以家庭为单元的成簇分布的墓地。属于同一家族的若干成簇墓地又在空间上大致成片，形成"族墓地"。殷墟腹地以宫殿宗庙为核心，路网交织，族邑密集，拥有铸铜、制

殷墟

宫殿宗庙区远景

左　卜甲
右　"子央坠车"卜骨

骨、制陶等多处手工业作坊。作为大邑商的殷墟，其外围也分布着诸多居民点，甚至还有较大规模的铸铜作坊。

宫殿宗庙区位于今安阳小屯村一带。东流的洹河在此折而向南形成河套，将宫庙区的东、北两面与外隔开。殷墟的刻辞甲骨主要出自宫殿宗庙区。最重要者有三批。1936年发掘的YH127坑，出土甲骨17 096片；1973年发掘的小屯村南，总数达数千片，以卜骨为主；1991年发掘的花园庄村东的贮藏坑H3，以卜甲为主，缀合前总数达1 583片，其中完整有字卜甲达300

131

发掘中的王陵区 M1550大墓

余版。

  王陵区位于洹河北岸今安阳侯家庄西北冈，由东、西相邻的两片墓地组成，各有兆域。1934年以来对王陵遗址进行过多次发掘。发现带墓道的商代大墓14座，祭祀坑数千座。大墓分为东、西两区。西区有四墓道大墓七座，单墓道墓一座和未完成大墓一座。东区有四墓道大墓一座，双墓道大墓三座和单墓道大墓一座。一般认为四墓道大墓系商王王陵，双墓道大墓和单墓道大墓可能与商王配偶有关。陵区内的祭祀坑埋入了大量人牲。

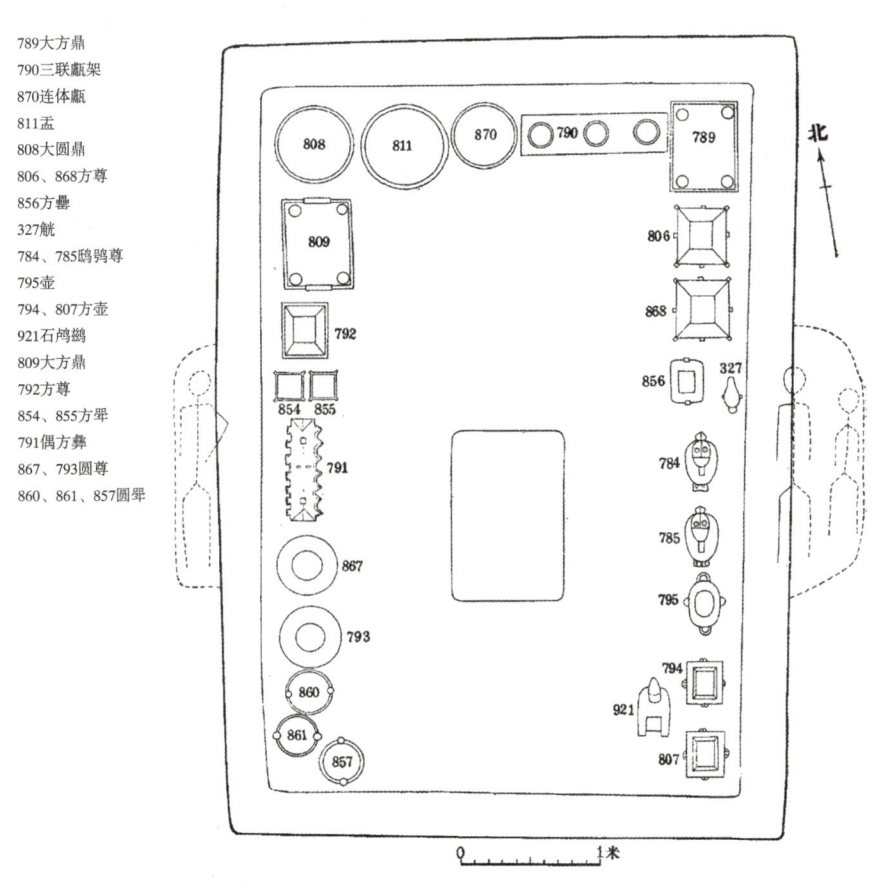

789大方鼎
790三联甗架
870连体甗
811盂
808大圆鼎
806、868方尊
856方罍
327觥
784、785鸮鸮尊
795壶
794、807方壶
921石鸮鹚
809大方鼎
792方尊
854、855方斝
791偶方彝
867、793圆尊
860、861、857圆斝

妇好墓墓底大型铜器分布示意图

发现于1976年的妇好墓是殷墟发掘以来唯一保存完整、未被盗掘的商代王室墓葬。不同于其他商王与配偶，作为武丁配偶的妇好被葬于宫殿宗庙区，而非王陵区。妇好墓呈长方形竖穴式，面积较小（长5.6米，宽4米，深7.5米），但随葬品极为丰富。出土了400余件青铜器、成组配饰、大量精美玉雕、海贝、骨器与象牙器等，展现了商代精湛的手工艺成就。学者对青铜器铭文与甲骨文的研究还原了一位集将军、政治家和祭司身份为一体的杰出女性。

带流虎鋬象牙杯　　　　　　　妇好鸮尊

　　殷墟居民点本质上是以族为单元的族邑。众多族邑以小屯宫殿宗庙区为中心散布于殷墟，见证了"大邑商"由小到大的发展过程。

　　殷墟的手工业作坊包括铸铜、制骨、制陶、制玉等。

　　殷墟出土的可移动文物，包括刻辞甲骨、青铜器、玉器、陶器、骨器等。其中，殷墟刻辞甲骨总数超过15万片（含传世珍品），内容涉及祭祀、天象、征战、狩猎、旬夕、年成、生育等。殷墟出土的青铜器数量则难以统计，仅科学发掘的青铜容器数量就超过了2 000件。

　　殷墟作为商代晚期的都城遗址，以"宫庙居中、族邑环聚"的空间格局，实证了早期中国"血缘政治"与"地缘组织"相融合的社会治理模式，为研究前郡县制时代的王国管理体系提供了关键范本。其出土的15万片刻辞甲骨不仅构建起中国信史时代的文字坐标，更以占卜记录与王室档案的双重属性，奠定了中华文明连续发展的文献根基。而采用复合范铸技术制作的重器群，

亚长墓牛尊

陶三通

不仅以分铸焊接等工艺突出展现了世界青铜文明顶峰的技术创造力，更通过礼器、兵器、工具的系统化生产，揭示出青铜文明对政治权力建构与礼制文明形成的物质支撑作用，从而多维度勾勒出华夏文明核心特质的形成轨迹。

殷墟凭借其独特的历史价值和完善的准备工作，最终成功列入《世界遗产名录》，成为我国第 33 处世界遗产。

这不仅标志着国际社会对殷墟遗址重要性的高度认可，也意味着中华古文明在世界舞台上又一次迸发出耀眼的光芒。

第三十届世界遗产大会确认，殷墟遗址满足列入世界文化遗产六条标准中的第 ii 条、第 iii 条、第 iv 条和第 vi 条。

国际古迹遗址理事会报告的原文是这样表述的[1]：

---

[1] 第 30 届世界遗产委员会材料（WHC-06/30. COM/8B; Paris, 20 June 2006.）

标准 ii. 殷墟作为商王朝都邑，展现了包括文字系统在内的顶峰时期的中国古代青铜文化；

标准 iii. 殷墟的文化遗存提供了非同寻常的关于商代晚期文化传统的证据，包括丰富的科学与科学发明和技术成就，例如建立在日相与月相观察上的天文历法、刻写在甲骨上的中国最早的书写文字；

标准 iv. 殷墟的宫殿宗庙遗址、王陵遗址留下了中国古代建筑的杰出范例。他们奠定了中国古代宫殿制度和陵园制度的初期形态，具有重要意义；

标准 vi. 殷墟的考古发现，为汉字语言、古代信仰、社会制度及若干重大历史事件留下了物质证据，从而具有突出普遍价值。

三、齐心合力众行致远[2]

殷墟"申遗"之路始自 1998 年，直至 2006 年正式列入世遗名录，前后长达九年。从起初的犹疑到后期的全力奔赴，殷墟申遗的过程历经种种挑战，也凝聚了各方人士的关注与力量。政府、专家学者、文物保护工作者及社会各界同心协力，反复论证、积极准备，才让殷墟的独特价值在世界舞台上大放光彩。

众人拾柴

早年间，遗址加入"世遗"并不曾引起举国重视。直到 20 世纪 90 年代中期，申遗才开始作为重大荣誉进入政府和社会的视野。

1996 年，时任安阳市委书记披着一件大衣来到中国社会科学院考古研究所安阳工作站找到杨锡璋先生。书记问杨先生：有人提议殷墟申报世界文化

---

[2] 主要根据唐际根个人回忆写成，只代表殷墟申遗工作的单一侧面。据唐际根说，许多参与殷墟申遗人士所作出的贡献远胜他本人。特此说明。

遗产，有可能吗？有必要吗？杨先生出于对申遗过程的了解，稍有顾虑，表示申报世界遗产是项复杂的工程，意义可能并不大。

然而两年之后，学界主张殷墟申遗的声音逐渐高涨。舆论的突破点出现在 1998 年，《河南日报》记者李根林发表了一篇中国社会科学院考古研究所考古学家唐际根的专访。这篇报道占了《河南日报》的一个整版。报道中，唐际根明确主张殷墟应该申遗。他强调了殷墟的价值，认为申遗有利于殷墟的研究与保护，有利于向世界弘扬中国文化。某种程度上，这篇报道为殷墟的申遗计划铺开了舆论道路，提升了社会各界对殷墟文化价值的关注与认同。

1998 年，作为中国社会科学院考古研究所安阳工作站站长的唐际根在上级领导及安阳市政府的支持下，举办了"纪念殷墟发掘 70 周年国际学术讨论会"。1999 年，"纪念殷墟甲骨文发现 100 周年国际学术研讨会"也在安阳举行。在这两次会议上，与会专家和学者都呼吁应该启动殷墟申请列入《世界文化遗产名录》这项工程。在专家学者营造的积极舆论氛围下，殷墟申遗开始逐步提上议程。2000 年 8 月 10 日，国际古迹遗址理事会首席协调员亨利·克利尔对殷墟遗址进行了实地考察。考察后，亨利·克利尔明确表示，从文化价值的角度来看，殷墟完全具备了成为世界文化遗产的条件。这一评价极大地鼓舞了各方对殷墟申遗的信心，为后续申遗工作的推进打下了基础。

2000 年 8 月，时任河南省文物局局长的常俭传积极主张申遗。他以河南省文物局名义向安阳市委、市政府提交建议，明确提出尽快启动安阳殷墟申报世界文化遗产名录的工作。

新一届安阳市委、市政府领导收到河南省文物局的建议后非常重视，很快做出回应，并设立政府"申遗办"。殷墟申遗的决定，迅速得到国家文物局的支持。申遗工程正式启动。

定义殷墟

2001 年 12 月，由国家文物局、河南省文物局指导，安阳市政府编写的殷墟申报文本编制完毕，并于 2002 年年初报送至联合国教科文组织处。

"申遗文本"作为缔约国文件报送给联合国世界遗产委员会，世界遗产委员会收到后，又交给非政府组织国际古迹遗址理事会审查。这份申遗文本必须将文化遗产项目的遗产形态、保护范围、保存现状、研究现状、公众参与情况，以及作为整份文件核心的遗产价值做出准确描述。遗产价值，即基于殷墟本身的历史意义、文化意义、科学意义，并结合《保护世界文化和自然遗产公约》指南中的文化遗产申报六条标准表达。负责整理该部分内容的，是中国社会科学院考古研究所的唐际根。

殷墟作为商文明鼎盛时期的代表性遗址，其价值梳理工作相对顺利，其独特的文化特征已得到学界的普遍认可。但殷墟的保护范围，特别是缓冲区的范围，在学界激烈讨论之后，除宫殿宗庙区、王陵区及周边地区外，最终也将洹北商城纳入其中。

原因有二：一是，在申报世界遗产时，有学者认为洹北商城就是殷墟，为盘庚所迁之"殷"，理应纳入殷墟区划范围。二是，作为重要的文化遗产，与殷墟相邻甚至略有重合的洹北商城若被纳入世界文化遗产缓冲区，将有助于其享有和世界遗产等同的保护规范与待遇，能获得更完善的保护。缘于此，洹北商城作为殷墟缓冲区，被划入世界文化遗产的保护范围。

2002 年 6 月，殷墟申报文本通过世界遗产委员会第二十六届年会评议，进入联合国教科文组织的世界遗产预备清单。

四、在地展示助力申遗

遗迹管理与展示

文化遗产要成功列入《世界遗产名录》，需被认定为具有突出普遍价值（Outstanding Universal Value），并满足六项世界文化遗产标准中的至少一项。联合国教科文组织要求为遗址建立完善的法律及管理体系，确保文化遗产得到长期有效的保护与管理；同时应设立明确的管理机构或管理计划，持续监测并维护遗址的突出普遍价值；制定具有法律效力的保护与管理规划，明确界定保护范围，划定核心区与缓冲区，以尽可能减少外部开发、环境变化等对核心区域的负面影响。此外，遗址还应制定可持续的旅游开发与管理策略，防止过度商业化或过量游客带来的损害；当地社区、相关政府部门、学术机构及民间组织等利益相关者也应共同参与遗址的保护与管理，形成广泛共识。

为满足联合国教科文组织的相关要求，安阳方面制订了一系列专门的方案与措施。早在1995年，安阳市政府便以1号令颁布施行《安阳市殷墟保护管理办法》，提出了殷墟管理处和殷墟保护委员会的设置。2001年，《河南省安阳殷墟保护管理条例》经河南省人民代表大会常务委员会审议通过，为殷墟的保护提供了法律保障。2002年3月，国家文物局正式批复同意《安阳殷墟保护总体规划》，为殷墟的保护、规划和展示提供了可操作的整体框架。2003年6月，河南省政府审议通过并颁布施行该规划，从而为殷墟的长远保护与管理奠定了制度基础。

为符合世界文化遗产的严格保护标准，安阳市政府及相关部门在申遗期间实施了大规模的拆迁和整治工程：先后拆除各类房屋建筑共计21万平方米，涉及六个村庄，涵盖村民住户、国有企业、乡镇企业与商业门店等688家。同时，为了营造更适宜的遗址保护环境，又开展了河道、道路的整修，累计约20千米，并对周边区域进行绿化，绿化面积高达19.7万平方米。这些措施在整治环境、保护文物本体的同时，也为殷墟打造了更具文化吸引力的整体风貌。

遗址还需符合"真实性"（authenticity）与"完整性"（integrity）这两大条件。为确保遗址的"真实性"，殷墟遗址首先开展了环境整治工程，旨在恢复洹河的自然景观与生态，使殷墟的整体风貌尽量贴近其原始环境，保证历史氛围的真实与完整。同时，遗址整体采用"大地博物馆"的形式，通过露天保护、地上复原陈列和室内展陈等方式，展示并阐释殷墟两大核心区域的价值与内涵。露天保护主要利用草皮、砂石和整形灌木标示地表遗址轮廓，将地下遗存封存在原地，为后续的发掘整理与考古研究预留空间。少数建筑完成复原陈列,更多建筑基址则仍封存在地下;通过夯土等方式复原基址、柱础、台阶等,力求再现考古发掘时的遗址面貌。室内展陈则包括修建殷墟博物馆,以及在重要遗址点附近建设小型陈列馆等,重点展示和解读核心文物与关键遗址节点的重要意义。[3]

纳入殷墟申遗范围核心区的两大区域分别是小屯宫殿宗庙区和侯家庄西北冈王陵区。为凸显小屯宫殿宗庙区的完整性,专家们对其重要遗址点进行了多方位诠释:如以植物标识建筑基址、对54号宫殿基址及祭祀坑进行夯土复原、兴建H127甲骨坑保护房、妇好墓挖掘现场复原展示等,以确保小屯宫殿宗庙区遗产要素的清晰呈现。同时,围墙沿线布置了长达400余米的甲骨文碑廊,力求通过深入解析,让晦涩难懂的甲骨文更易于公众理解,从而进一步传递殷墟的文化价值。王陵区方面,建成了两座殷商风格的建筑——殷陵馆与车马坑展示馆。对于王陵大墓,除了出土司母戊鼎的王陵以保护房形式揭露展示外,其余大墓则以整形灌木标识外轮廓,突出墓葬格局的宏大;殉葬坑则以绿草标示外轮廓、石头象征尸骨,小路则采用卵石铺设。由此,王陵大墓展示区与王陵祭祀场的空间序列与历史格局得以整体保留并突显。王陵区的遗产要素也在这一过程中逐一呈现,与小屯宫殿宗庙区相互呼应,共同彰显出殷墟大遗址的"完整性"。[4]

洹北商城因仍在发掘研究之中,暂不予展示。

殷墟博物馆(旧馆)建立与司母戊鼎"省亲"

为了殷墟的保护,更为了推动殷墟的遗产价值为民众所知,保证广大民众在参与殷墟保护的同时享受到成果,唐际根与安阳市政府协商,达成了将中国社会科学院考古研究所存放在安阳工作站的文物集中展示的意向。

集中展示需要建一座博物馆。2004年,国内两家设计单位提出了当时

---

[3] 王军:《历史原真性可读性可持续性——殷墟保护与利用规划实践》,《2004城市规划年会论文集(上)》,中国城市规划学会秘书处,2004。
[4] 同上。

殷墟王陵墓葬区俯瞰图，
深色灌木标识大墓轮廓

"殷墟博物馆"的设计方案。最后大家选定的是中国建筑设计研究院崔愷团队的"地下博物馆"方案。

为什么会选择这个方案？唐际根的解释是：这座地下博物馆沿洹河而建，整体"藏"于地下，不会影响殷墟遗址的本体，也不会影响遗址视野（landscape）。它的平面结构刚好可以与洹河构成甲骨文的"洹"字形状。这个巧妙构思赢得了大家的一致认可。

博物馆建馆工程于2005年3月正式启动，同年9月落成。仅仅半年便建成一座博物馆，堪称建筑史上的奇迹。博物馆建设的同时，唐际根带领中国社会科学院考古研究所的团队完成了展陈设计。建筑主体落成的同时，馆内的展陈装修已经铺开。9月18日，博物馆内的展柜、灯光、展板均基本就绪。从这一天开始，殷墟的文物陆续进入展厅。9月24日深夜，按照展陈方案事先准备的展品全部就位，殷墟博物馆的布展工作顺利完成。大家已经习惯夜以继日地工作；而在开幕的前夜，唐际根才意识到自己已连续52小时未曾睡觉。

整个布展过程中，大家最难忘的事件是将司母戊鼎从北京迎入殷墟博物馆。

早在2005年3月殷墟博物馆破土动工之际，唐际根便向安阳市领导提出将司母戊鼎迎回安阳的构想。司母戊鼎彰显了殷商青铜铸造的巅峰技艺，其内涵丰富，最能代表殷商文明。经市领导班子商议，接受了唐际根的建议。在时任中国社会科学院考古研究所所长刘庆柱、国家博物馆常务副馆长朱凤瀚的支持下，国家博物馆同意将司母戊鼎运回安阳短期展出。

2005年9月18日，阔别家乡近60年的稀世珍宝司母戊鼎重返故土，成为殷墟申遗进程中的里程碑事件。

9月25日，殷墟博物馆在万众瞩目中盛大开馆。因为镇馆之宝司母戊鼎的回归助阵，开馆首日人流如织，人声鼎沸。翌日，国际古迹遗址理事会特别委派韩国世界文化遗产评估专家金秉模亲临安阳，对殷墟的世界文化遗产申报工作进行实地考察与评估。其间，唐际根向金秉模作了题为《关于殷墟与殷墟文化价值、意义的汇报》的详细报告，内容涵盖殷墟的发掘历程、出土文物的学术意义，以及殷商文明对中国乃至世界文明史的深远影响。金秉模对此给予了高度肯定，认为殷墟在世界文化遗产层面具有独特且不可替代的价值，为殷墟的成功申遗注入了强劲信心。

五、维尔纽斯的好消息

2006年7月，联合国教科文组织第三十届世界遗产大会在立陶宛首都维尔纽斯召开。时任国家文物局副局长童明康，负责中国申遗事务的郭旃、关强，安阳市相关政府代表，唐际根作为学界代表参加了会议。一同前往的还有河南省电视台、安阳市广播电视台的媒体人士。

尽管做了充分准备，殷墟是否能正式列入《世界遗产名录》，还需看最后一项流程：世界遗产委员会投票。

2006年世界遗产委员会的代表来自美国、日本、印度等21个不同国家。会议的进展很慢。原本7月12日应该轮到讨论殷墟项目，但讨论德国、伊朗等项目时，世界遗产委员会成员之间发生了较为激烈的争论，其他项目被迫后延。此时的安阳，则处于焦急的等待之中。

7月13日，终于轮到讨论中国的殷墟。当时芬兰籍专家尤嘎·尤基莱托代表国际古迹遗址理事会向世界遗产委员会汇报殷墟情况。尤嘎登台介绍情况之初，中国代表团成员的神色略显不安，但代表们很快注意到，尤嘎一直以赞赏的口吻讲述着殷墟的价值及中国政府的出色工作。

通常情况下，国际古迹遗址理事会专家介绍完情况，世界遗产委员会要进行讨论。奇妙的是，尤嘎汇报完毕，主持会议的立陶宛文化部部长居然说出一句：感谢尤嘎的陈述，世界遗产委员会的先生们女士们，若无异议，我们是否鼓掌通过？

唐际根一听此语，立即带头鼓掌。殷墟项目成为这次大会上第一个"无异议通过"的世界遗产项目。此时的中国，已是7月13日的晚上。安阳殷墟博物苑广场早已人潮涌动，热切地等待着最终结果。消息传回安阳，人们爆发出热烈的欢呼，激动与喜悦的情绪如同浪潮般在广场上蔓延。所有人都在这一刻凝聚成了见证历史的共同体，为殷墟成功跻身世界文化舞台而雀跃。

六、今日殷墟与殷墟未来

殷墟申遗不是终点。

后"申遗"时代的殷墟有过一段彷徨时光。彷徨阶段，无论政界还是学界，都在思考下述问题：殷墟作为国家考古遗址公园所要肩负的责任与功能；殷墟作为城市现代空间的一部分所要进行的蝶变与革新；殷墟作为文化符号有待激发的效应与潜能；以及殷墟作为文化交流的中心与媒介所应当承担的世界意义。

殷墟遗址常年受到现代村庄与城市建设的压占与破坏，保护与发展之间的平衡一直以来都是一个难题。不少居民在殷墟遗址保护与开放的过程中不得不被动迁。但殷墟作为商王朝晚期鼎盛时期的都邑，遗址分布范围极为广泛，现阶段仍有不少村落叠压在重要遗址点上。因此，《殷墟国家考古遗址公园规划》核心规划思路将乡村振兴与城市更新和遗产活化相结合，力求塑造兼具坚实文化底蕴与功能完备的现代示范区。乡村振兴与城市更新则表达了城市欠发达地区对于更好的生活品质的追求，与遗产活化相结合则框定了文化遗产在品质提升中必然充当的纲领性角色。殷墟遗址整体的更新与发展，不会是与其他古镇更新类似的同质化表达，而必将与殷墟的特色相得益彰，抓住安阳与殷墟的魅力所在，将打开殷墟乡村振兴与城市更新的别样局面。

殷墟研究的本身还有不少悬而未决的学术问题，尚无法完全复原作为商王朝晚期都邑的宏大面貌。文献中反复提及的"纣王宫"究竟对应哪座考古发现的宫殿？殷墟都城里的居民区中，到底生活着多少人？

近年，安阳市委市政府主动与中国社会科学院考古研究所合作，在得到后者及国家文物局的支持后，新的殷墟博物馆于2024年2月建成开发。

新的殷墟博物馆所带来的"网红效应"迅速激活了殷墟文旅。作为我国首座全景式展示商文明的重大专题博物馆，殷墟博物馆新馆采用人工智能、多媒体等数字化技术手段，并结合文物、文献及甲骨记载，生动诠释了商代

殷墟博物馆新馆鸟瞰

在政治、军事、农业、手工业、文字和都邑建设等方面的卓越成就；通过"透物见人、透物见事"的叙事方式，深入呈现了商文明的核心内涵。

然而殷墟的利用，或许应该是"三步一景点、五步一故事"，使当代人能身临其境地走近当年的道路、水渠、宫殿、作坊和居民区。让每位观众都能亲身感受到"大邑商"的氛围与辉煌。[5] 实现这样的理想并非一蹴而就，需要一代又一代的考古学家持之以恒地耕耘与探索，才能将它真正变为现实。

殷墟拥有数个知名IP。精选与培育优质IP令殷墟文化从遗址与博物馆得以延展到文创产品上，如纪念品、工艺品、游戏角色、影视剧等。线上线下全面铺开发展，可以将殷墟的文化影响力扩展到世界的每一个角落。文化遗产保护包括文化遗产的活化利用，而文化的再创造，正是文化生命力旺盛的最好体现。在唐际根看来，妇好便是最好的IP。她作为商王武丁的配偶，是中国考古学确认的年代最早的有明确称谓的真实人物；因被甲骨文频繁记述，她身上携带的历史信息价值难以估量。有感于此，如今已来到南方科技大学任教的唐际根带领他的团队复原了妇好的容颜、服装、佩饰。

申遗之后的殷墟，未来或许可以创建线上共鉴共赏平台，作为散落在世界各地的商代文物联系起来的起点，将商代文物与商文明相关研究织成一张紧密的网，增强商代文物对世界学者们的可触及性，并增进世界对商文明的认识。而"活"过来的妇好，正好充当形象大使。通过妇好，让文物"说话"，让商王朝"苏醒"，这不正是最新修订颁布的《中华人民共和国文物保护法》倡导的吗？

南方科技大学"复原"的妇好形象

[5]《考古学家唐际根：想让商朝"活"起来》，《新华每日电讯》，2016年7月。

大运河

流淌的大地史诗

周新华

中国京杭大运河博物馆原常务副馆长
浙江农林大学教授

2014

在星球研究所的新著《这里是中国 3——华夏文明史诗》中，关于中国大运河，有这样一段诗意盎然的描述：

> "它横卧于平原，水中没有惊涛骇浪；它流淌于田野，两岸没有悬崖峭壁。繁忙时，它千帆竞渡；衰落时，它如同被遗忘的角落……它曾见证众多王朝的兴衰，也曾目睹世间众生的命运。"

作为全球开凿时间最早、使用时间最久、空间跨度最大的运河，由京杭大运河与隋唐大运河、浙东运河共同组成的"中国大运河"，2014年被列入《世界遗产名录》。

大运河

列入时间：2014年

列入标准：(i)(iii)(iv)(vi)

遗产分布：北京市、天津市、河北省、山东省、江苏省、浙江省、安徽省、河南省

杭州大运河景象

一、流动的大地史诗

始凿于春秋战国时期、历经隋朝和元朝两次大规模改造而成的京杭大运河,全长 1 794 千米,以南北走向,逐个"贯穿"包括海河、黄河、淮河、长江、钱塘江等在内的一众大江大河。最让人惊叹的是,她迄今仍在发挥着航运的重要功效,是流动着的、活着的人类文化遗产。

过去说到长城和大运河,有一句形象的话:"长城一撇,运河一捺。"

也就是说,如果我们在空中俯瞰,长城和大运河如同我们的祖先用他们非凡的想象力和创造力,在华夏这片土地上烙下的一个巨大的"人"字。

长城蜿蜒万里,自东向西,筑就了华夏北方的一道坚固屏障;大运河自北而南,贯穿五条大川,沟通五大流域,成为永不停歇的南北动脉。从某种意义上说,长城和大运河都是我们古代劳动人民和工程技术专家改造自然的智慧和劳动的结晶,它们都是我国古代灿烂文化的象征。

但奇怪的是,在普通民众的印象里,长城和大运河之间的落差似乎特别大。长城被视为民族精神的象征,早在 1987 年就作为中国第一批列入《世界遗产名录》的六处古迹之一;相对而言,大运河就比较冷清寂寞,过去似乎很少进入人们的认知视野和想象空间。

有一个原因是显而易见的,从存在形态上看,大运河不如长城那样气势磅礴,容易给人带来强烈的视觉冲击和心灵震撼,它只是一条人工开凿的水道而已,千百年来默默流淌,不易引起人们格外的关注。

但大运河的价值意义是毋庸置疑的。早在隋炀帝时期,以东都洛阳为中心,北通涿郡(今北京)、南至余杭(今杭州)的隋唐大运河,就已成为向北方转运粮食和其他物资的重要水道。这种以水路运输漕粮的方式,远比陆路运输高效,被称为"漕运"。

而"漕运"则堪称封建王朝的生命线。据《新唐书》记载,唐德宗在位时,有一年黄河水患导致漕运不畅,长安(今西安)米价高涨,禁军在街头鼓噪要造反,唐德宗在宫内惶恐不安。忽一日来报,镇江节度使裴滉亲自

隋唐洛阳含嘉仓刻铭砖

押运漕粮辗转至京,唐德宗闻讯抱太子痛哭:"米已至陕,吾父子得生矣!"大运河与漕运的重要性,于此可见一斑。

西谚云,罗马非一日建成。同理,闻名天下的中国大运河,它的开凿与建成也非一蹴而就,而是经历了一个漫长的过程。大致而言,大运河的开凿经历了三个重要的历史时期。

春秋战国时期吴王夫差在扬州开凿的邗沟堪称大运河的滥觞。据《春秋》记载,鲁哀公九年(前486),"吴城邗,沟通江、淮"。其时吴王夫差为北上用兵，下令开凿自邗城（今扬州）至末口（今淮安）的一条水道，史称邗沟，全长150千米（一说192千米）。今古邗沟遗迹仍在。这条沟通了长江下游与淮河下游的人工河道，是我国有明确记载的最早的运河，这条运河成为后来陆续开凿的纵贯我国东部大平原的京杭大运河的最早河段。

古邗沟

隋朝是大运河真正全线贯通的时期。隋炀帝大业元年（605），开通济渠，从洛阳到淮安，沟通黄河和淮河。同年，"发淮南民十余万开邗沟"，对始凿于春秋战国时期的邗沟重新修浚，沟通淮河与长江。大业四年（608），为用兵辽东，开永济渠，从洛阳到涿郡（今北京）。大业六年（610），重新修浚从京口（今镇江）到余杭（今杭州）的江南运河。

至此，以东都洛阳为中心，以涿郡（今北京）和余杭（今杭州）为一北一南两个终点的隋唐大运河（也称南北大运河）全线贯通，全长2 500余千米，是迄今为止世界上最长的运河。它奠定了后来大运河的格局，隋朝因之成为大运河开凿的第二个阶段，也是最为关键的全线贯通时期。

但因隋祚短暂，运河开成不久即很快覆亡，故未显出大运河对隋王朝生存的重要性。继隋而起的大唐，未兴大役就尽享运河之利，但历史界忽略了大运河是创造大唐盛世的重要条件。据文献记载，自中唐以后，每年通过扬州北运的粮食不下400万石，曾任唐朝宰相的权德舆曾说过"天

杭州大运河段剪影

大运河

州运河人力翻坝

《清明上河图》中的汴河

北京通州燃灯塔

下大计,仰于东南",韩愈也说"当今赋出天下,江南居十九",可见运河对唐王朝何其重要。

唐朝诗人皮日休曾写过两首《汴河怀古》诗,其二云:"尽道隋亡为此河,至今千里赖通波。若无水殿龙舟事,共禹论功不较多。"其中"水殿龙舟"是个典故,说的是隋炀帝乘龙舟巡幸江都之事。这首诗是后世公认的对隋炀帝开运河一事最为公允的评价。皮日休还曾说过另外一段话,谓隋运河"在隋之民,不胜其害也;在唐之民,不胜其利也。"堪称的评。

开凿大运河的第三个关键时期,是在元朝。元朝定都大都(今北京),需要大量江南漕粮。但如果沿用隋唐大运河故道,水陆相交,反复装卸,费时费力,劳资甚巨,元世祖忽必烈遂决定对大运河进行改造。

元代对大运河的改造集中在山东境内进行,元至元十八年(1281),在山东境内开济州河(自济宁至安山);至元二十六年(1289),开会通河(自安山至临清)。另外,又于至元二十九年(1292),开通惠河(自通州至北京城内)。至此,南起杭州,北抵大都的京杭大运河全线贯通。与隋唐大运河相比,元代京杭大运河因取道山东,截弯取直,里程缩短为1 700多千米,今天京杭大运河的基础就进一步奠定了。

今天的京杭大运河,是春秋战国以来各个历史时期在我国东部大平原地区先后兴建的运河综合体,是利用天然河道加以疏浚、修凿、连接而成的，经过了承袭、扩展和改造的历史过程。

列入世界文化遗产名录的中国大运河，包括京杭大运河及其延伸段浙东运河，以及已湮没的隋唐大运河故道，流经北京、天津、河北、山东、江苏、浙江、河南、安徽六省二市，沟通海河、黄河、淮河、长江、钱塘江五大水系，蜿蜒数千里，沿途有北京、天津、廊坊、沧州、衡水、邢台、邯郸、德州、聊城、泰安、济宁、枣庄、徐州、宿迁、淮安、扬州、镇江、常州、无锡、苏州、嘉兴、湖州、杭州、安阳、鹤壁、新乡、焦作、洛阳、郑州、开封、商丘、淮北、宿州、绍兴、宁波等数十个历史文化名城。

通常按照地理位置，把现存的京杭大运河分为七段，分别是通惠河（北京到通州，长22千米）、北运河（通州到天津，长186千米）、南运河（天津到临清，长约400千米）、鲁运河（临清到台儿庄，长约480千米）、中运河（台儿庄到淮阴，长186千米）、里运河（淮阴到扬州，长190千米）和江南运河（镇江到杭州，长330千米）。

中国大运河作为神州大地上贯通南北交通的大动脉，显示了我国古代水利工程技术领先于世界的卓越成就，留下了丰富的历史文化遗存，孕育了一座座璀璨的名城古镇，积淀了深厚悠久的文化底蕴，凝聚了我国政治、经济、文化、社会诸多领域的庞大信息，与长城一样，是中华民族文化身份的象征。

二、大运河何以能列入世界遗产？

在《中国大运河申遗文本》中，对照世界文化遗产列入标准，认定中国大运河符合世界遗产遴选标准中的(i)(iii)(iv)(vi)共四项标准。

标准i. 中国大运河是人类历史上超大规模水利水运工程的杰作，创造性地将零散分布的、不同历史时期的区间运河连通为一条统一建设、维护、管理的人工河流，其为解决高差问题、水源问题而形成的重要工程实践是开创性的技术实例，是世界水利水运工程史上的伟大创造。

南旺水利枢纽工程

南旺水坝龙王庙

　　最典型的案例就是位于山东省济宁市汶上县南旺镇的"南旺水利枢纽工程"。在山东，元朝开凿的会通河（大运河山东段的一部分）也常面临缺水的问题。在枯水季节，河道缺水甚至断流，导致漕船无法通航。明成祖迁都北京后，朝廷对运河漕运的需求更大，因而必须破解这一困局。

　　时任工部尚书宋礼，在熟悉当地山川形势的"汶上老人"白英的建议下，选择在汶上县南旺镇设置分水工程。南旺镇是京杭大运河山东段沿线的制高点，与南北两端的河道相比，这里地势高出了近40米，人称"运河水脊"。在距离南旺镇数十千米处，有一条奔腾的大汶河，其地势又比南旺镇高出十多米。白英建议在东平县筑戴村坝，拦截大汶河之水，通过小汶河引水至南旺。源源不断的水流以南旺为起点，向南北两侧自然流淌，保证了运河的水源供给。不仅如此，考虑到南北两侧大运河缺水程度的不同，从南旺向两边分水的比例是三七开，七分向北，三分向南，俗称"七分朝天子，三分下江南"。白英还将南旺周边的南旺湖、蜀山湖、马踏湖等天然湖泊进行疏挖，改造为运河水源的调节器，丰水季节储水，枯水时期放水济运，人称"水柜"。这种智慧即便放在今天，也令人赞叹不已。

中国大运河以其世所罕见的时间与空间尺度，证明了人类的智慧、决心与勇气，是在农业文明技术体系之下难以想象的人类非凡创造力的杰出例证。

标准 iii. 中国大运河见证了中国历史上已消逝的一个特殊的制度体系和文化传统——漕运的形成、发展、衰落的过程，以及由此产生的深远影响。

漕运是中国大运河修建和维护的动因，中国大运河是漕运的载体。中国大运河线路的改变明显地受到政治因素的牵动和影响，见证了随着中国政治中心和经济中心改变而带来的不同漕运要求。由于漕运的需求，深刻影响了都城与沿线工商业城市的形成与发展，围绕漕运而产生的商业贸易，促进了中国大运河沿线地区的兴起、发展与繁荣，也在中国大运河相关遗产中得到呈现。

大运河堪称举世瞩目的"财富之河"。一座座运河城市从沉寂到崛起，从闭塞到开放，组成了明清时期人口集聚、商业繁荣的"一线城市群"。大运河与长江交汇处的江苏扬州，拥有数不清的商业店铺，看不尽的广陵风光，足足辉煌了上千年。明清时期，扬州一处的盐产量更是占到了全国总产量的近三分之一，盐商税收占据国库收入的四分之一，诠释了富可敌国的含义。被誉为天下名园的扬州个园、"晚清第一园"何园，都是当时盐商留下的杰作。而借助浙东运河的连接，实现海河联运的浙江宁波，早在唐宋时期便是商贸重镇。强势的商业活动冲淡了人们的重农观念，手工业蓬勃发展，

扬州个园

"丝绸市镇"遍布江南,机杼之声通宵彻夜。明清时期,全国拥有八大钞关,而大运河沿岸包揽其中七个,税收最高时占总额的 90%。

标准 iv. 中国大运河是世界上延续使用时间最久、空间跨度最大的运河,被《国际运河古迹名录》列入作为世界上"具有重大科技价值的运河",是世界运河工程史上的里程碑。

中国大运河所在区域的自然地理状况异常复杂,开凿和工程建设中产生了众多因地制宜、因势利导,具有代表性的工程实践,并联结为一个技术整体,以其多样性、复杂性和系统性,体现了具有东方文明特点的工程技术体系。它展现了农业文明时期人工运河发展的悠久历史和巨大的影响力,代表了工业革命前土木工程的杰出成就。

唐宋是大运河工程体系的最终形成时期,尤以宋代成就最大。宋代运河与淮河、淮河与汴河之间的水位差,使船只在人工和天然水路之间转运受淮河干扰。北宋时开凿的龟山运河，在龟山镇（今盱眙境内）过淮河，由泗州入汴河，运河与淮河相交的两个运口有闸控制，使天然河流与运河水位平顺衔接，船只平稳过淮。龟山运河的开凿，标志着人工水路与天然河道水路的界限分明，淮扬运河开始作为相对独立的工程体系运用。

标准 vi. 中国大运河是中国自古以来大一统思想与观念的印证，并作为庞大农业帝国的生命线，对国家大一统局面的形成和巩固起到了重要的作用。中国大运河通过对沿线风俗传统、生活方式的塑造，与运河沿线广大地区的人民产生了深刻的情感关联，成为沿线人们共同认可的"母亲河"。

明清时期，从每年开春时节起，数百万石漕粮、数十万匹丝绸、数不尽的木料和砖石沿河北上，供给至高无上的北京城。建造紫禁城、明十三陵用的一种大青砖，绝大多数都是山东临清所产，所以有"临清的砖，北京的城"一说，更有一种夸张的说法叫"北京城是漂来的城市"，这个"漂"，意思是建造北京城的砖都是通过大运河运往北京的。

在朝廷、皇室的需求之外，或明或暗的"土宜"（当地特产）也开始通过运河输送，南北商品不再局限于当地流通，而是汇入了以运河为骨干、覆盖了近半个中国的贸易网络。天南海北的商人、手工业者，沿途城镇与百姓的生活，纷纷被卷入此河之中。

天津作为北方的漕运枢纽，从军事卫所变身为商业重镇。山东临清扼守在卫河与大运河的交汇点，一跃成为与苏杭媲美的商业都会。位于"运河水脊"的山东济宁，诞生了"运河第一钱庄"——胡记钱庄。在山东聊城，商人们修建起中国现存最具代表性的会馆之一——山陕会馆。会馆里建有精美的戏台，建筑材料都是从山、陕运来的，建筑风格也如是，戏台上唱的却是当地的吕剧——各种地域文化的融会贯通，在此得到了最鲜明的体现。

三、从一封公开信开始的申遗故事

中国大运河申遗，由"运河三老"的一封公开信拉开序幕。2005 年深秋，

临清钞关

聊城山陕会馆

在杭州西湖杨公堤畔，正在散步的罗哲文先生将《人民日报》（海外版）高级记者齐欣拦下，对他说："给你个任务，你在媒体，想想怎么推一下京杭大运河申遗这个事儿。"

这封信，就是后来由齐欣执笔，由罗哲文、郑孝燮、朱炳仁三人署名，题为《关于加快京杭大运河遗产保护和"申遗"工作的信》；信被寄给了运河沿岸18座城市的市长。据齐欣后来回忆，为了增加权威性，他在公开信的末尾特意加上了三个署名者的年龄：郑孝燮（90）、罗哲文（82）、朱炳仁（61）。正是考虑到京杭大运河文化遗产的多样性，才出现了对应相关领域的"运河三老"组合。

在这封公开信中，有这样的表述：

> 在纪念我国加入《保护世界文化和自然遗产公约》20周年及2006年新年到来之际，我们三位年老的城市规划与建筑、文物古建筑保护和工艺美术工作者，怀着急迫的心情，联名致信，呼吁用创新的思路，加快大运河在申报物质文化和非物质文化两大遗产领域的工作进程。
>
> ……
>
> 文化是一个国家综合国力的象征。以我们多年的经验来看，京杭大运河可是个无价之宝哇！沿岸的文化与自然遗产内容令人目不暇接。如果再加上还未被发掘的非物质文化遗产，那就更令人兴奋。如果将京杭大运河的历史价值、文化内涵和对中国历史发展的贡献相加，可以毫不夸张地说，足以与长城媲美。

2005年12月15日，新华社率先摘发了这封信。这封公开信的发表，如一石激起千层浪，立刻得到了杭州、扬州等城市的公开回应。此后，由全国政协推动、文物管理部门跟进、各地一呼百应、多学科介入、社会力量参与……一封公开信成为京杭大运河申遗的起点。

2006年3月，全国两会期间，刘枫等58名政协委员联名提案，认为京杭大运河的价值堪比长城，理应申报世界文化遗产。这被视为从官方层面，正式启动京杭大运河申遗的进程。

2006年5月12日，由全国政协组织的京杭大运河保护与"申遗"考察活动在北京启动。考察团历时十天，对京杭大运河沿线的北京、天津、河北、山东、江苏、浙江等省市的18个主要城市、近30个县进行调查研究，行程近2 000千米，是大运河历史上规模较大的一次全程考察。

2006年5月24日，京杭大运河保护与申遗研讨会在杭州圆满闭幕，会上通过了《京杭大运河保护与"申遗"杭州宣言》。

次日，京杭大运河被国务院公布为第六批全国重点文物保护单位。这是大运河申遗过程中一个极其重要的节点。在中国此前已经申遗成功的世界文化遗产项目中，无一不是"国保单位"。与此同时，江苏扬州成为大运河"申遗"的牵头城市。大运河申遗由全国政协推动，国家文物局负责具体业务指导，申遗办公室设在扬州。

大运河的申遗过程，不仅是中国人文化遗产保护理念提升和方法创新的过程，也是社会风貌巨势变革中文化传承与认知冲突的一次集中体现。

当我们回顾过去20年中国所获得的世界遗产清单时，不难发现，那些名气大和人所共知的项目，大多已名列其中。但那个时刻，又有无数人心存焦虑。因为他们意识到，随着社会的快速发展，许多需要拭去尘土方显灿烂的潜在文化遗产，仅靠文物界的力量已难以独立守护了。

面对这样的挑战，大运河申遗成了我们必须啃下的"硬骨头"。这一过程中，"扣动扳机"的那一封信，自然而然地成为历史的选择。正是社会力量的认知力和参与程度，共同决定了大运河的命运走向，由此也产生了融合各种社会资源的革命性视野和经验。

到了2009年9月，国家邮政局决定发行《京杭大运河》特种邮票一套，为大运河申遗造势。这套特种邮票一套六枚，并附小型张一枚。印上邮票的六个城市分别是北京、天津、聊城、淮安、扬州和杭州，都是大运河沿线比较有代表性的城市。

京杭大运河南端的拱宸桥

　　说起大运河南端的杭州，被印上邮票这张"国家名片"，是毫无疑义的，但是选择用哪几个古迹作为图案，还曾有过争议，最终印在邮票上的是被誉为"古运河第一桥"的拱宸桥和被誉为"最后的天下粮仓"的富义仓遗址。

　　拱宸桥始建于明末崇祯四年（1631），为杭州市区现存最古老、最长和最高的古桥，向被视为大运河南端的终点标志。

　　拱宸桥自建成以来，屡毁屡建，历经风雨沧桑。2005年，拱宸桥大修，这也是拱宸桥自清末以来头一次大修，在修缮过程中，遵循不改变文物原状、最小干预的原则,通过拆除桥面上的附加物、清除有害附生植物、调整矫正倾斜的桥栏板、望柱、抱鼓石等,保留拱宸桥粗放雄伟、古朴沧桑的史迹景观;又在拱宸桥现有的四个防撞墩上,用龙生九子之一的"蚣蝮"石雕装饰,使防撞墩"活起来"。2006年,更换了长3米、重2吨的护桥石。另外,增加了暖色灯光照明,勾勒夜色老桥的韵味。

富义仓始建于清光绪六年(1880),浙江巡抚谭钟麟因当时杭州粮食告急,遂令杭城士绅购粮十万石分别储存于原有的两个粮仓。因原仓不敷存储,又购买霞湾民地十亩,再建仓廒,取名"富义",有"以仁致富,和则义达"之意。

富义仓与北京南新仓并称为"天下粮仓",有"北有南新仓,南有富义仓"之说。但历经百余年,粮仓旧址早已破败不堪,仅余门庭数楹,一度险遭夷平。幸有文物专家毛昭晰先生极力呼吁,富义仓遗址得以保留下来。2007年,富义仓遗址以原有的占地范围、用原有的材料,按原有的历史风貌得以修复。门厅坐北朝南,依水而立。内共有13幢建筑,主仓东西相向而建,四列三进,均为一层砖木结构,硬山造。另有砻场(去稻壳的碾坊)、碓房(舂米的作坊)、司事者居室等,也一一恢复。

2014年6月22日,在卡塔尔首都多哈举行的第三十八届世界遗产大会上,中国大运河成功列入《世界遗产名录》,成为中国第46项世界遗产,

京杭大运河申遗成功会场

类型为世界文化遗产。联合国教科文组织世界遗产委员会认为，大运河是世界上最长的、最古老的人工水道，也是工业革命前规模最大、范围最广的土木工程项目，它促进了中国南北物资的交流和领土的统一管辖，反映出中国人民高超的智慧、决心和勇气，以及东方文明在水利技术和管理能力方面的杰出成就。

从2005年12月15日罗哲文先生提议写的那封公开信发表，到2014年6月22日中国大运河申遗成功，一共经历了3 111个日夜。

四、大运河遗产的构成

大运河申报的系列遗产分别选取了各河段的典型河道段落和重要遗产点，根据《中国大运河申遗文本》的统计，包括河道遗产31段，总长度1 011千米，相关遗产共计65处。遗产类型包括闸、堤、坝、桥、水城门、纤道、码头、险工等运河水工遗存，以及仓窖、衙署、驿站、行宫、会馆、钞关等大运河的配套和管理设施，另有一部分与大运河文化意义密切相关的古建筑、历史文化街区等。这些遗产分布在2个直辖市、6个省、25个地级市。

中国大运河遗产的构成包括运河工程遗产和运河工程遗产衍生遗产两大类。

大运河是农业文明时期最具复杂性、系统性、综合性的超大型水利工程，技术要素和非技术要素错综复杂，这也对工程的设计者、施工者和管理者的水平要求很高；故而运河工程遗产又分技术要素与非技术要素两种。

技术要素产生的运河工程遗产，是指河道、堤坝、堰闸等运河本体工程，如北京人工河湖水系水源工程、汶上南旺运河越岭的分水枢纽工程、淮安清口运河渡黄的运口枢纽工程、淮安高家堰"蓄清敌黄"的大坝关键工程、苏北宿迁淮安段"束水攻沙"、治黄保运的堤防系统工程等。其中枢纽工程和关键工程区段往往都是大运河的工程技术节点，更具有技术价值。

中国大运河建造的非技术要素，是指自然、经济、政治、人文等主客观

淮安总督漕运部院

环境构成的工程边界条件，反映这类要素的遗产往往由此产生，或为实现大运河工程目标而设置。如浅铺是专为疏浚运河淤浅的工人——浅夫提供的驻地，兵堡是维护运河治安的军事设施，河道总督府及其分司是建造、维护、更新、改造运河工程技术设施的管理机构，钞关是专司征收运河过往船只税费的管理机构。属于此类性质的遗产还有仓储管理及其设施、漕船修造工场作坊、漕政管理机构等。

　　大运河工程的衍生遗产是大运河的产物，与大运河有着必然或偶然的因果关系。一是因大运河工程而兴盛繁荣的城镇聚落、产业行业；二是因大运

河工程而作的祭祀纪念性建筑物、构筑物或组群;三是与大运河工程相关的其他遗存;四是见证由大运河工程引发的各种文化现象的非物质文化遗产;五是因大运河工程造就的人工化自然景观(如洪泽湖、北运河的蜿蜒型河道)、工程化历史地貌(如骆马湖—清口堤坝地貌区)、人文景观等。

值得一提的是,大运河沿线的非物质文化遗产不可忽视。大运河像一条穿越、编织众多纬线的经线,在中华文明的腹地流淌,打破了大自然的文化阻隔,直接促成了南北文化的交流;它又像一根擎天的立柱,撑起了数根文化的"横梁",构建了中国文化巍峨博大的格局。烟波浩渺数千里,大运河

浙东运河古纤道

不仅哺育了沿岸的子子孙孙，更将燕赵文化、三晋文化、齐鲁文化、荆楚文化和吴越文化紧紧联系在一起，共同熔铸着中华民族灿烂辉煌的文化史诗，见证着中华文明的历史变迁，促成和保证了中华文明的统一与和谐。

中国大运河不仅是物质的，更是文化的。它从南方流到北方，从古代流到今天，流通着数不清的生活资料、生产资料和宝贵财富，更孕育着无数同样宝贵的非物质文化遗产，催生了一座座珍珠般的名城古镇，向世人展示着世世代代中国人民的勤劳、智慧和伟大创造。

中华文化的重要特点，就是文化形态上的多元统一。不同地区文化的互相吸引和交流，使中国南北相隔千里之遥的许多文化遗产在各有特色的同时保持着惊人的相似性。大运河沿线两岸，这样的例子比比皆是。

比如，均已列入我国国家级非物质文化遗产保护项目的"苏州桃花坞木版年画"和"天津杨柳青木版年画"就是生动的例子。中华民族民间音乐的一大特点是存在着大量同名异曲、同词异曲的现象，比如中国最为著名的民歌《茉莉花》，在运河上下就流传着多种版本，从河北昌黎苍凉豪放的《茉莉花》，到江浙委婉秀丽的《茉莉花》，"好一朵茉莉花，好一朵茉莉花，满园花开香也香不过它……"的同样词句在前者鲜为人知

苏州桃花坞画

的"十三咳"与后者举世皆知的熟悉旋律的演绎下各尽其美。

这样的例子数不胜数,以致长期以来,中国人特别喜爱用"南×北×"这样的词组来总结和形容中国传统文化的某些代表性项目,除了上述木版年画"南有桃花坞,北有杨柳青",再有刀剪制作工艺"南有张小泉,北有王麻子",乃至武术的"南拳北腿",民族音乐的"南笛北管"……在形成这种文化状态的诸多原因中,大运河的作用不可低估。

大运河和万里长城一样,都属于"线性文化遗产",这是世界遗产中的一个特殊形式,指在拥有特殊文化资源集合的线形或带状区域内的物质和非物质的文化遗产族群。与多数遗产都是在一个比较局限的范围内、主要由管理部门保护不同,大运河世界遗产的保护,涉及范围广,其实已不仅仅只是管理部门的职责,它也需要沿线民众的积极参与。

其实所谓的大运河文化,不仅仅只是我们可以看到的河渠、相关的历史遗迹,也应该包括由大运河而生发的烟火气。对于大运河的保护,最好的方式就是让它继续流淌下去,发挥应有的作用,而不只是成为博物馆里陈放的展板图片。对于我们普通人来说,去了解、不遗忘,就是最好的参与大运河文化保护的方式。

花山岩画

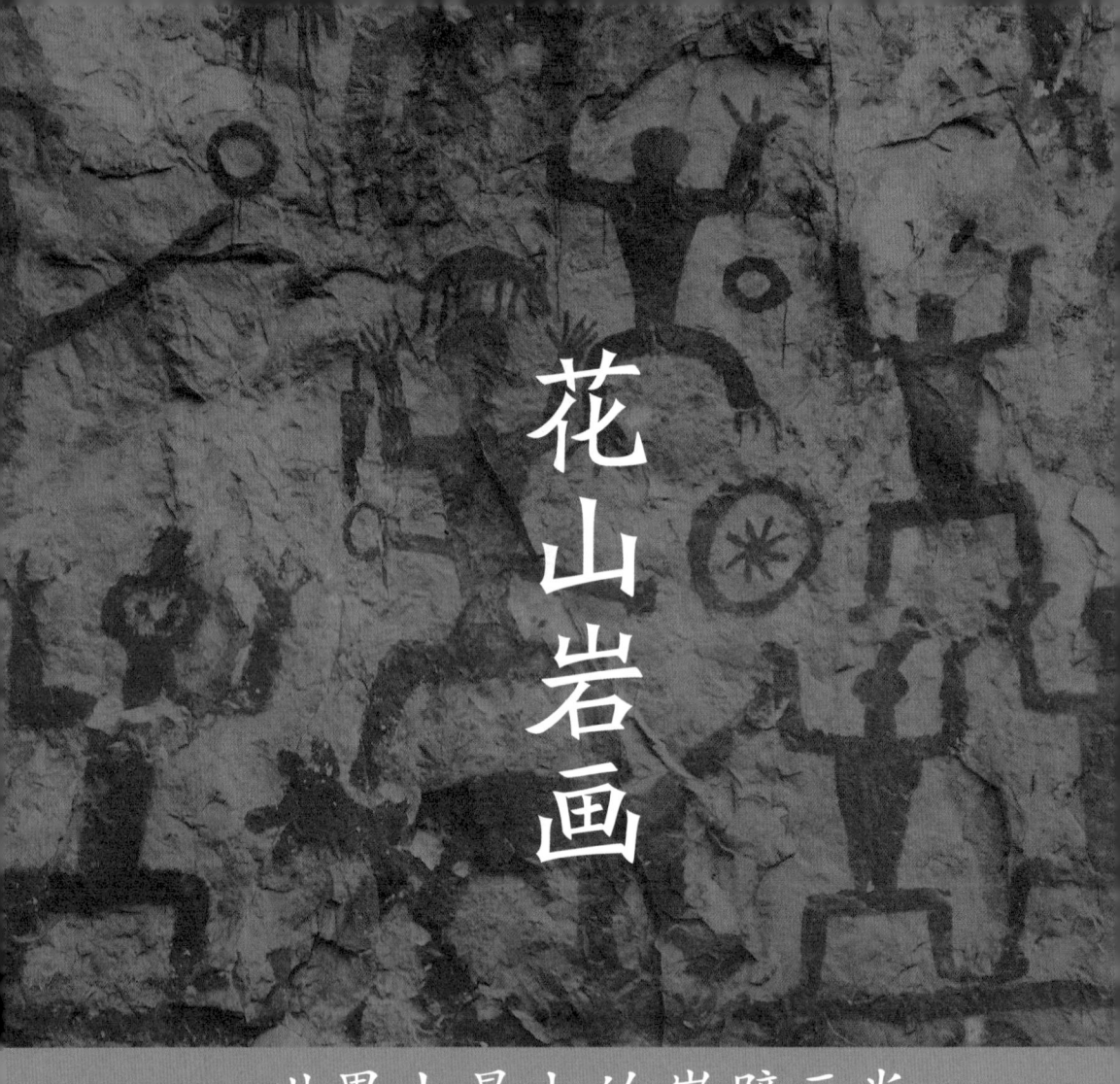

世界上最大的崖壁画卷

朱秋平

中国岩画学会理事
左江花山岩画研究院特约研究员

2016

左江是广西西南部的一条主要河流。沿左江流域分布着典型的喀斯特地貌，左江曲折迂回，流淌于峰峦丛中，到处青山绿水，俨然世外桃源。每年阳春三月，木棉盛开，热烈而奔放，是南国的一大特色。这里有国家级的弄岗自然保护区，是中国保存完好的喀斯特热带季雨林保护区。一直以来，壮乡人民在这里耕作、捕鱼，过着一种悠然自得的田园生活。农闲之时，他们在这里赶歌圩、对山歌、抢花炮、赛龙舟，浓郁的民族风情活动独具特色，络绎不绝。他们酿酒、制糖，与大自然和谐共处，保持着一种淳朴而自然的民风。古老的岩画与两岸绵延秀丽的山水田园相互映衬，形成了一道秀美亮丽的壮文化风景。明江是左江最大的支流，其发源于中国南部十万大山北麓，自东向西流经上思、宁明、龙州等县，汇入左江。

> **左江花山岩画文化景观**
>
> 列入时间：2016年
>
> 列入标准：(iii)(vi)
>
> 遗产分布：广西壮族自治区崇左市

秀美的明江山水风光

神秘的壮乡岜莱——花山岩画

在左江畅游，不仅可以饱览两岸秀美的山水风光，更能领略到2 000多年前壮族先民的古骆越文化遗存。真有一种"江作青罗带，山如碧玉簪，船行仙境里，人处画中山"的感觉。

一、花山岩画

宁明花山，位于左江支流明江东岸，属宁明县城中镇耀达村所辖，又称"耀达花山"，壮语称花山为 Pya Laiz（音岜莱），即有画的山之意。花山岩画绘于花山临江绝壁之上，画面长221米，高40多米，面积8 000多平方米，现遗存各种图像1 950多个。画面大，图像多，分布密集，地点险绝壮观，堪称世界岩画之最。其规模巨大、画面内容丰富、视觉冲击力强，最能引起人们的赞叹。在明江至左江沿岸约260千米的断崖峭壁上保存有像花山岩画相类似的古老画作80多处，学术界把左江流域这些同类型的岩画统称为"左江花山岩画"。

左江花山岩画的发现

花山岩画是如何被发现的？这些画作是谁在什么时候画的？这么高的悬崖峭壁，他们是怎样画上去的？这些岩画的色彩至今仍如此鲜艳，这其中又有什么奥秘呢？

在我国古代文献中，对花山岩画的记载，最早见于宋代李石《续博物志》："二广深溪石壁上，有鬼影如淡墨画。船人行以为其祖考，祭之不敢慢。"文中所说的"二广深溪"或指由广西流往广东的左江，"鬼影"即为岩画。

在民间，许多有关花山岩画的故事广为流传。或因距作画时间年代久远，多描述得很神奇，给花山岩画笼上一层神秘的面纱。

1954年1月，广西博物馆专家首次到宁明花山进行调查。1956年8月，广西省政府和省民委组织调查组与北京中央民族学院对花山岩画进行科学考察，在明江下游沿岸又发现了七个岩画点，并在珠山岩画附近岩洞采集到有肩小石斧、铜斧、网坠、骨针、粗绳纹硬陶片等文物。1962年7月，广西民委组织由民族、历史、地质、考古等多学科专家组成的考察团，对左江岩画进行全面调查，从宁明乘船经龙州至扶绥，历时15天，行程200多千米，发现43处岩画。1963年编写出版了第一本岩画资料《花山崖壁画资料集》。

20世纪80年代，广西多次组织考察左江岩画，新发现多个岩画地点，经整理编写出版了《广西左江流域崖壁画考察与研究》和《广西左江岩画》两本专集。

左江花山岩画的分布与朝向

岩画的分布

沿左江及其支流明江而散落的岩画总体特征是临水而作且多在江河拐弯处。据统计，左江流域分布着80多处岩画点，其中有69处位于自宁明珠山到扶绥青龙山江河两岸的临江石壁上，约占总数的八成，其中54处位于江河的拐弯处，占临江地点总数（69处）的78%。仅有以仙岩山、丈四山、邕

171

左江花山岩画大多就绘在江河两岸陡峭的崖壁之上

割山、岜莱山等为代表的 9 处岩画点不临水，但从气候、水文、构造、地貌特征分析，非临江的 9 处也都曾有过水动力的作用。由此可见，岩画的出现与这里大量存在水的环境有关，与生活在这里与水关系密切的民族有关。

岩画所在的左江沿岸区域位于热带岩溶地貌区，是典型的峰丛洼地类型。在这个区域，山峰挺拔俊秀，有峰丛、峰林、孤峰等类型，海拔在 200—400 米。地质断层构造及岩溶溶蚀作用等因素共同作用下形成的一个个陡崖峭壁，为创作岩画提供了广阔的"画布"。

岩画大多绘在临江高大的峭壁上，距江面 15—100 米，最高可达 130 米，岩画对面往往有一块面积稍大的平坦台地。从岩画的分布规律不难看出，古人对岩画绘制地点的选择有着相对统一的标准，具体体现在岩画点与河流的关系、作画高度、崖壁材质、画面方向等具有高度一致性。

左江花山岩画的朝向

关于左江花山岩画的朝向，研究者发现，岩画大部分画面朝南或朝西，一部分朝东，朝北的很少。这是什么原因？经沿江现场实地考察发现，左江流域东高西低，地势由南向北倾斜，使得明江成为由东向西流；转入左江之后虽然改变了河水的流向，但因为地势原因，水流经过之处基本都是遇到朝南、朝西及部分朝东的峭壁才发生转向，而朝北的峭壁本就很少，或不具备作画条件。

二、花山岩画之谜

高崖上的岩画是谁绘制的呢？他们是如何上至绝壁完成这一浩大工程的？他们又是为何而作？图像背后有着怎样的故事？因为史料并无记载，所以要对左江花山所绘的岩画内容进行具体图像分析后，才能够对作画年代、作画族属、作画意图做进一步的探寻。

岩画画了什么？

左江花山岩画中"蹲式人形"为最基本的构成元素。最初采用简单、小型的"蹲式人形"进行简单排列、描绘简单的祭祀活动，后逐渐通过添加特定的人物装饰、人形大小对比、正侧面人像结合，以及大量图像密集组合等形式，发展成为画幅巨大、内容丰富、描绘宏大祭祀场景的画面，最终构建成具有独创性的、内涵丰富、逻辑清晰的图像表达系统。

花山岩画除了人像，还有种类多样的器物图像，主要有：铜鼓、羊角钮钟、扁茎短剑、环首刀、船等。此外，还有动物图像，可分为犬类（或类犬）和飞禽。犬类图像数量较多，其姿态基本作奔跑状或站立状，部分犬身或尾有毛刺状饰线；飞禽图像仅见于沉香角岩画，呈双菱形，具图案化。

左　花山岩画主画幅局部：中心人物蹲式人像为部落首领，其余者围绕首领进行载歌载舞的祭祀活动
右　花山岩画的正身人像：正身人像两手曲肘上举，两腿半蹲，性别特征并不明显，大部分都有头饰，少数正身人像腰间佩戴有刀、钅
　　个别拿在手上

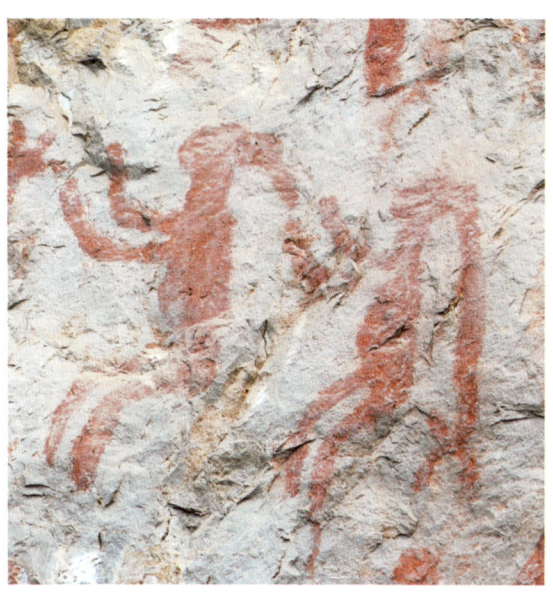

花山岩画的侧身人像：侧身人像面向左或右，大部分侧身人像性别特征不明显，少数可以通过隆突的腹部或胸部、长垂辫及腹下上翘的
殖器等来判断男女性别

花山岩画

左上　铜鼓图像：岩画中的圆圈图像是铜鼓图像，外圈表示铜鼓鼓面，圈内中心有太阳纹（日体）及芒体
左中　高山岩画局部图像：右上绘一组羊角钮钟，为典型的战国至汉时期的敲击乐器
左下　羊角钮钟图像：悬挂于一"干"字形架上，或设有钟架，为单个陈放

右上　环首刀图像：环首刀图像大多斜佩于正身人物图像腰间，少数持于手上
　　　扁茎短剑图像：剑悬挂于一个正身人像的右手下。短剑为细颈宽肩，无首，剑身上宽下尖，呈腰身稍内收的倒三角形
右下　剑图像：正身人像腰间配挂或手持刀剑

上 渡船图像：船为一弧形粗短线，中间下弯，两端上翘，船上有数个侧身人像，均面向左

下 男女交媾图：仅见于宁明花山岩画第一处第13组和沉香角岩画第5组。或为两个对站拥抱交媾的侧身人，或为两人上下躺卧于一床形架上交媾之图

岩画是什么时候、什么人画的？

岩画的年代

破解岩画年代之谜的重要依据是与器物对比法、科技测年两种方法。

岩画图像与器物比对法。岩画所绘器物，包括羊角钮钟、环首刀、有格或有首剑、扁茎短剑、铜鼓和渡船等图像，在广西及其周边等地战国至汉的墓中均有出土，形制与岩画上的图像基本一致，这样基本可以判定岩画绘制时间与这些器物的使用时间基本相同。

角钮钟 　　　　　　　　　环首刀 　　　　　　　　　扁茎短剑

　　岩画断代是世界性难题，单纯依据器物比对，还不足以确定花山岩画的绘制年代。结合科技测年法，结论更加严谨。

　　科技测年法。碳十四（^{14}C）年代测定，主要基于碳十四的放射性衰变，通过测定获取样品中剩余碳十四含量，推算样品的大致形成年代；而铀系（U—）是一种岩层地质年代测定方法，利用自然界中铀系放射性同位素的衰变来测定地质年代。

　　对左江花山岩画开展的科技测年工作，主要是在岩画之上、之下和近旁采集木桩、钟乳石、碳酸钙标本，对标本进行碳十四年代测定和铀系年代测定，从而推断岩画的年代上限和年代下限。

　　综合上述器物对比与科技测年两种方法，目前学界普遍认为：左江花山岩画的绘制年代是战国至东汉（约前5世纪—公元2世纪）。

宁明花山钟乳石类样品 ^{14}C年代测定结果

实验室编号	采样位置及样品描述	年代(距今)
BK86024-A	第一处第8组，正在滴水生长之钟乳石。距地面高约10m。钟乳石样品顶部横断面直径约85mm，长140mm。横断面生长线呈偏心圆状，测样取自生长中心，上部直径约24mm，长45mm之圆锥体。	1 870 ± 120
BK86024-B	同上钟乳石。测样取自钟乳石横断面的长轴一侧，剥除5mm表层，取10mm厚、60mm长之内层。	650 ± 90
BK86019	第一处第8组，距地面约10m。贴附于岩壁上的碳酸钙结层，厚3—5mm，画迹在样品之上。赭色颜料又覆盖了一层极薄的碳酸钙结层。	6 810 ± 130
BK86018	第一处第8组，距地面约10m。贴附于岩壁上的钟乳石，画迹在样品之上，取5mm表层。	6 730 ± 140
BK86020-A	第一处第8组，距地面约10m。贴附于岩壁上之钟乳石，画迹在样品之上。总厚约180mm，测样取自靠岩壁部分，厚约4mm。	14 550 ± 170
BK86020-B	同上钟乳石，测样取5—7mm表层。	6 130 ± 100
BK86016	第一处第8组左下部，距地面约4m。贴附于岩壁之钟乳石，画迹在样品之上。测样5mm表层。	5 160 ± 100
BK86014	1983年采，黏附于岩壁上之碳酸钙结层，厚3—4mm，画迹在样品之上。赭色颜料又一层极薄的碳酸钙结层覆盖。	3 920 ± 80
BK86015	第一处第9组左下角、距地面约5.5m，贴附于岩壁上的钟乳石，画迹在样品之上，测样取4mm表层。	2 420 ± 80
BK86023	第一处第9组，距地面约12m，自然剥落的崖壁面表面上覆盖的碳酸钙结层，厚约5mm，由覃圣敏提供。	2 410 ± 130
BK86021	第一处第8组，距地面约10m，覆盖于画迹上的碳酸钙结层，厚薄不匀，最厚处达6mm。	2 130 ± 80

花山岩画地点的碳十四测年数据

表1 广西左江花山岩画MC-ICPMS U-系分析结果

地点	样品	层位关系	238U [ppm]	StdErr (abs)	232Th [ppb]	StdErr (abs)	D234‰	StdErr (abs)	(230Th/238U)	StdErr (abs)	(230Th/232Th)	StdErr (abs)	Age [ka]	SD [ka]	Corr. Age [Ka]	SD [ka]
沉香角	CXJ-1a	画压石	0.358	0.002	2.506	0.039	225.556	4.708	0.244	0.003	108.766	0.553	24.043	0.388	23.882	0.399
	CXJ-1b	画压石	0.092	0.000	0.501	0.003	193.844	3.183	0.220	0.002	125.978	0.842	22.117	0.249	21.988	0.259
	CXJ-2	画压石	0.219	0.001	1.981	0.016	259.911	3.344	0.133	0.002	45.973	0.391	12.150	0.167	11.948	0.195
	CXJ-3	画压石	0.501	0.002	9.925	0.058	203.001	5.266	0.316	0.002	49.504	0.192	32.960	0.338	32.492	0.415
棉江	MJ-1	画压石	0.073	0.001	11.536	0.063	336.462	5.221	0.225	0.003	4.438	0.045	19.945	0.312	16.562	1.756
	MJ-2	石压画	0.185	0.001	4.866	0.027	359.333	5.274	0.117	0.002	13.812	0.182	9.741	0.181	9.190	0.325
	MJ-3	画压石	0.147	0.001	151.288	1.083	319.616	12.792	0.326	0.004	0.974	0.008	30.542	0.519	8.196	10.198
巴粮山	BLS-1	石压画	0.192	0.000	3.253	0.019	2390.952	5.567	0.010	0.001	1.812	0.052	0.312	0.012	0.172	0.071
	BLS-2	画压石	0.117	0.001	40.997	0.273	534.953	14.416	0.642	0.005	5.664	0.024	56.981	0.959	50.571	3.434
吞平山	TPS-1	画压石	0.103	0.000	26.468	0.181	154.974	6.254	0.328	0.003	4.006	0.029	36.086	0.470	29.627	3.324
达宁山	DNS-2	画压石	0.115	0.001	73.175	0.563	330.135	14.861	0.191	0.003	0.927	0.011	16.775	0.337	4.085	5.472
	DNS-3	画压石	0.080	0.000	6.808	0.051	309.460	6.446	0.046	0.002	1.689	0.053	3.907	0.149	2.035	0.949
陇娘山	LNS-1	石压画	0.103	0.000	9.265	0.121	31.382	3.249	0.087	0.003	3.046	0.060	9.605	0.261	7.113	1.282
	LNS-2	石压画	0.090	0.001	25.454	0.237	65.531	6.901	0.155	0.003	1.698	0.023	17.111	0.356	9.196	4.070
宁明	NM-10	画压石	0.497	0.001	1.401	0.008	117.041	2.768	0.048	0.002	52.995	0.443	4.793	0.059	4.721	0.070
	NM-13	画压石	0.911	0.005	8.686	0.067	143.054	7.355	0.048	0.002	15.954	0.130	4.722	0.062	4.486	0.131
	NM-18	画压石	2.640	0.028	5.329	0.056	39.374	10.146	0.026	0.002	40.874	0.391	2.796	0.050	2.741	0.057
	NM-21	石压画	2.307	0.015	6.938	0.048	115.209	2.277	0.019	0.001	19.817	0.109	1.869	0.017	1.793	0.041
	NM-24	画压石	0.691	0.003	21.799	0.137	132.225	6.922	0.250	0.002	24.541	0.092	27.048	0.280	26.251	0.491
	NM-27	画压石	0.354	0.001	1.876	0.011	142.133	2.724	0.029	0.001	16.896	0.291	2.765	0.056	2.633	0.087
	NM-28	画压石	1.257	0.005	9.656	0.066	170.625	4.159	0.152	0.002	62.249	0.242	15.101	0.141	14.916	0.168
	NM-29	画压石	4.634	0.028	1.539	0.012	461.874	5.137	0.026	0.001	141.951	0.752	1.932	0.015	1.921	0.016

说明：计算年代所用的 ^{234}U和^{230}Th的衰变常数分别为2.82206×10^{-6} y^{-1} 和9.1705×10^{-6} y^{-1}[4]。校正初始年代所用的 ^{230}Th/^{232}Th的初始原子比为4.4±2.2×10^{-6}。宁明花山的其他样品因 ^{230}Th/^{232}Th<20而没有列出。

花山岩画地点的铀系测年数据

岩画的族属

从花山岩画的图像来看，花山岩画的人像造型，不管正身侧身，均状似青蛙，有"蛙形人像"之说，表现有祝发、羽饰、裸体、跣足等，又多有表现生殖崇拜和傩面的内容。与战国至汉生活在南方，特别是左江流域的古骆越人崇蛙、裸俗、崇鸟、祀河、信巫鬼等生活习俗是一致的。通过民族学研究，对同时期的中国南方百越民族分布进行研判，当时这一区域没发现有大规模的族群迁徙，生活在左江流域一带的是百越中的骆越支系，这样，可以框定百越中跟花山岩画关系最为密切的族属就是骆越。

岩画是如何绘制的？

如何到达峭壁上作画？

左江流域目前发现岩画共有 80 多处，均绘制在沿岸的峭壁上，最低距湍急的江面数米，高者可达数十米，甚至上百米。古人是怎样到达作画地点进行岩画绘制的呢？

根据与岩画相关的遗迹和周边地形地势的分析，笔者认为不同作画地点其接近悬崖的方法也不尽相同，大概采用了以下四种方式接近崖壁进行作画：

高水位浮船法。左江流域多洪水，每年夏季常遭遇洪灾，洪水水位比正常水位高出十多米。古人通过高水位乘船到悬崖之下进行作画。

自下而上攀援法。大多数画壁下方或左右两边有裂隙或台坎，提供了攀援至作画地点的条件。如宁明花山北侧的崖洞口岩画点，高出江面 100 多米，当地村民却可徒手攀着石棱上到洞口。

自上而下悬吊法，或称"垂藤条法"。古人从崖壁顶部悬吊至作画位置。

直接搭架法。用于崖壁下有台地或石坎的岩画点。这类岩画的位置一般较高，而且崖壁陡峭光滑，无法攀登，需在坡坎上搭设竹木架到达作画位置。

总之，岩画绘制视具体地点选择不同方法，同一地点也可能选择多种方法，而攀援法和直接搭架法应最为适用。

179

用什么工具作画？

因岩画绘制时间久远，历次调查都没有发现作画工具遗存。2009年，花山岩画保护工程动工后，广西民族博物馆和宁明县文物管理所研究人员借助保护工程的大型脚手架，近距离观察了岩画图像，能清晰地观察到岩画的细部情况。岩画局部画面有颜料溅出、渗流等痕迹，从画面特征看，所采用的画笔应分大小，且具有蘸墨量大、细密柔软等特点，所以作画工具可能有竹笔、草笔、羽毛笔。

岩画用什么颜料创作？

左江流域80多处岩画，全为赭红色。它不但表现为一种特定的色彩，这种颜色选择还体现了作画者的文化心理和对色彩的理解。

花山岩画虽经历了2 000多年的风吹日晒，仍保持着鲜艳的色彩，具有突出的视觉冲击力，这都因其独特的作画颜料。经过运用红外光谱、微量元素分析、XRD衍射等科学手段的检测，可以确定花山岩画的颜料是赤铁矿，其主要成分是氧化铁（Fe_2O_3），也称红土。赤铁矿在广西分布广泛。据研究可知，它被经常用于处理动物的皮肤，以保护动物的器官组织，防止其腐烂。而岩画鲜红的颜色，代表着一种宗教诉求，这些鲜红的图像似乎在宣告它们的存在，甚或是对生命渴求的表达。

根据气相色谱-质谱仪的分析结果，颜料中使用的黏合剂含有植物性胶结材料（植物树液）。作画者在与自然的长期相处和生产生活经验积累的过程中，创造了独特的作画颜料和黏合剂配方，从而使得岩画能够长久保存，历经千年而不褪色。

先民为什么要创作这些岩画？

从左江流域的岩画看，壮族先民使用独特的、至今让人备感神秘的方式和技术，在超大的空间内密集分布、对单一主题的不断重复和强调且数百年统一的作画风格，在绝壁上创造出如此规模宏大、色彩艳丽、风格突出的画作，其作画的思想动机、主题内容是什么？要达到什么样的目的呢？

在南方，古代壮民族祭祀对象复杂多样，鬼神是其中之一，而且"鬼""神"常与动物联系在一起，附以某种动物的形体。如"蛙神""蛇神""额神"（水中鳄鱼神）等。越人信奉巫鬼，左江流域曾盛行"祀鬼神"的巫术礼仪。骆越巫觋喜装神扮鬼，在巫术礼仪中扮演着特殊角色。

左江花山岩画一系列叙事性的画面，记录了约2 000年前左江沿岸的骆越人持续举行神圣而日渐盛大的祭祀仪式。这些仪式采取舞蹈的方式，取悦那些支配或威胁自己的自然物及其神灵，祈求它们保佑自己不受伤害，逢凶化吉，诸事平安。为了使祭祀仪式永存、祭祀的效用长久，并表达人们对神灵的膜拜和虔诚，画师们将神圣庄严的祭祀仪式绘于临江的崖壁上，使得这

正身人像的脸部绘了三个红点，即为戴面具的巫师图像

出土文物中的铜鼓

些震撼人心的场面永远定格。岩画画面中的图像和场景直接、丰富地展现了祭祀活动的内容和规模，并反映了祭日、祭铜鼓、祀河、祀鬼神、祀田（地）神，祈求战争胜利等宗教信仰。

铜鼓是中国南方古代少数民族铸造和使用的器物，曾作为传讯工具，用来召集部众，指挥军阵；用来赏赐臣下，馈赠友好；作为权力重器和财富象征，用于陈设；即使作为乐器使用于婚丧祭祀，也是一种神圣的通神灵物。随着使用铜鼓的人群社会形态的不同，风俗习惯的差异，铜鼓被赋予不同的含义，渗透于生活的各个方面。在漫长的历史发展过程中，铜鼓与当地人们的社会、经济、文化生活紧密地联系在一起，形成独特的铜鼓文化。

一直以来，铜鼓在中国南方的铸造和使用从未间断过。大量的古代铜鼓在左、右江流域被发现。在贵州、广西、云南交界的山区，现在仍有大量族群使用铜鼓。从铜鼓产生和盛行年代看，与中原地区的古代青铜器几乎同处一个时代；铜鼓鼓身纹饰也与中原的青铜纹饰存在相似性，其在冶炼技术上同时达到非常高的水平。这或许说明，在 2 000 多年前的左江流域与中原就已有了文化交流。

三、花山岩画申遗

2003年6月，宁明县开始了花山岩画申报《世界遗产预备名单》的工作，组织编写了《申报世界遗产预备名单——花山岩画》文本。2004年11月25日，花山岩画进入《中国申报世界遗产预备清单》。2006年12月15日，国家文物局通过《中国世界文化遗产预备名单》重设目录，共35项，宁明花山岩画排第24位。

2010年4月9日，广西壮族自治区文化厅召开"广西岩画申报世界文化遗产提名专家咨询会"，提出三种申报方案：1. 以整个左江流域的岩画为对象进行申报；2. 以明江与左江龙州段（即小左江流域）的代表岩画为提名对象进行申报；3. 以宁明明江段岩画为提名对象进行申报。

2012年3月，崇左市邀请中国文化遗产研究院着手编制申报列入《中国申报世界文化遗产预备名单》文本，确定以"左江花山岩画"之名进行申报。同年11月，"花山岩画文化景观"又一次列入《中国世界文化遗产预备名单》。

2013年10月，广西壮族自治区文化厅、崇左市两次组织专家对花山岩画的申报范围进行再论证。确定在绵延260千米的80多处岩画中选取遗存内容丰富、分布密集的105千米河段的38个岩画点进行申报，以及岩画所在山崖、所临河流、岩画对岸台地共同构成的景观单元，均作为遗产的基本要素。项目名称最终定为"左江花山岩画文化景观"。

2015年1月20日，国家文物局向中国联合国教科文组织全国委员会递交了《关于提交"左江花山岩画文化景观"申报世界文化遗产文本的函》，确定花山岩画为2016年中国申报世界文化遗产的唯一项目。2015年2月27日，世界联合国教科文组织受理了中国政府的申报。

2015年10月12—16日，联合国教科文组织派出专家敏纳克什博士进行左江花山岩画文化景观现场评估。时任宁明县文物管理所所长的笔者作为基层岩画管理者，被指定为陪同专家沿江考察岩画的主讲人员，为联合国专家

花山岩画申遗专家咨询会

讲解了左江花山岩画遗产的普遍价值及壮民族文化发展传承等一系列内容，以一个基层管理者对岩画的热爱之情和精神面貌，为花山申遗现场考评赢得了可贵的一票。当年12月2日，国家文物局在与联合国总部教科文组织进行远程视频接受申遗问询时，被告知广西左江花山岩画文化景观申报世界遗产项目，中国政府不需要再提供任何补充材料，将提交2016年7月世界遗产大会进行最后表决。

第四十届世界遗产大会于2016年7月10日在土耳其伊斯坦布尔开幕，大会将审议包括中国广西左江花山岩画在内的29个申遗项目。7月15日，世界遗产大会第一个议程就是审议左江花山岩画文化景观申遗项目。主席台上，各委员在听取了花山申遗项目的陈述报告后，一致举手表决通过，主席台上响起了掌声；中国代表团团长刘曙光站起来向大家挥手致意，台下也响起一阵又一阵掌声和欢呼声。花山岩画申遗成功了，花山之梦圆了！

然而，在世界遗产大会的历史上，可能从没有任何一次大会，像这次一样充满了戏剧性，它不仅让我们经历了花山申遗的决胜时刻，同时也经历了一场让人惊心动魄的政变。7月15日晚11时许，土耳其发生了军事政变，

在第四十届世界遗产大会上,花山岩画接受大会审议

2006年7月15日,笔者在伊斯坦布尔世界遗产大会现场见证花山岩画申遗成功

中国代表团下榻宾馆前的大街上一片混乱。因政变发生在午夜,刚开始大家浑然不知,楼下大街聚集了越来越多的警车,事态非常严重。大家接到通知即进入紧急状态,简单收拾行李,等待撤离命令下达。由于情况突变,世界遗产大会组委会16日宣布暂时休会。16日下午,土耳其政府已基本控制了

局势。17日，世界遗产委员会会议迅速复会并压缩议程，当天完成了全部议程，比预定日程提前三天休会。这天国际航班得以恢复，前往机场的道路也已通畅，中国申遗代表团分批回国，专家代表团是最后一批。北京时间7月18日12时29分，笔者乘坐的国际航班降落在新疆乌鲁木齐机场，平安顺利地回到了祖国。

花山岩画为何入选世界遗产？申遗的价值何在？

岩画艺术的杰作

岩画是世界文化遗产中的重要类型之一，全球有成千上万的岩石艺术遗址，但并不都拥有突出普遍价值。

花山岩画无疑是全球范围内最杰出的岩画艺术之一，其突出特点主要体现在三个方面：独特的图像表达系统、艺术创作所达到的美学成就、杰出的作画技术。

独特的图像表达系统

左江花山岩画画面内容丰富，所表达的主题具有原始宗教的意义，是群体性祭祀场景的真实记录，画面图像大致可归纳为人物、典型器物、动物三大类。

图像以"蹲式人形"人像为主，其比例高达82%，包括正身人像和侧身人像两种类型。

早期的岩画采用简单、小型的正身人像进行简单排列，表现先民举行祭祀活动的场景，各人像之间并没有明显的差别。逐步地，在正身人像上方或者旁边通过添加头饰、武器、铜鼓、飞禽走兽等，以区分人像的社会等级。通过精心构图、密集排列人物图案、特定人物繁缛夸张的饰物、人物图像大小的对比、小型侧身人像围绕簇拥着大型正身人像等方式表达了一系列宏大的祭祀场面和情节，表现出热烈浓郁的气氛。"蹲式人形"系统表达的方式，具有独创性和创造性，是花山岩画对于世界岩画的一个伟大贡献。

世界最大的岩画画幅——宁明花山岩画

艺术创作所达到的美学成就

左江花山岩画作为一种绘画艺术，以其巨大的画幅、鲜明的色彩、动感十足的画面、写实而真诚的记录手法，赋予画面真实而强烈的情感传递，表达了作画者特有的审美情趣。大致呈现出概括与夸张法、均衡对称法、主次对比法三种绘画风格。

概括与夸张法：作画者具有高度的艺术表现力，大胆省略物象复杂的细节，对所表现对象做示意性的描绘，并运用概括与夸张手法，使画面图像清晰明确又具有整体和谐的艺术效果。

均衡对称法：以人物图像体现了均衡对称的形式美。

主次对比法：为突出主题，花山岩画在构图上，大胆而巧妙地采用主次对比方法。高大醒目的正身人像居于画面显要位置，旁侧人像则明显矮小，凸显人物不同的身份和等级。

花山岩画的绘制技法主要有写意法、勾边填涂法、重复涂绘法及以点定位法四种。

写意法：采用单色平涂方法，不做细部点描，形成"剪影"式的艺术

花山岩画巨大画幅局部　　　　　　　花山岩画局部，为颜色保存较好的一组

效果。

　　勾边填涂法：岩画图像大，笔毫宽度很难一次性完成，需用线条勾勒"骨架"轮廓，再用颜料平涂填充。

　　重复涂绘法：指用笔对颜色进行层层晕染、叠加的方法。

　　以点定位法：用点起到了定位、造型的作用。

　　花山岩画卓越的美学成就体现在其宏大场面的建构、独具匠心的构图，以及由于色彩的激越与力量而造成的强烈的视觉冲击力。

　　典型的岩画场面为众多的侧身人围绕着一个形象高大的正身人，通过"众星捧月"的画面效果突出核心人物的重要，在表现"场面"与"过程"的能力上显示出了卓越的技巧，巨大而完整的祭祀仪式画面得以建构。

　　岩画"画板"材质和颜料的选择也很成功，灰黄色的崖壁上绘制的赭红色图案显得格外鲜艳醒目，在视觉传达上极具冲击和震撼效果。

杰出的作画技术

花山岩画的创造性成就体现在作画位置之高、之陡，以及创作巨幅岩画和大型图像时对构图与比例的控制能力。

在这种常人难以到达的位置作画具有较高的危险性，并且巨大的岩画图像及画幅也极大地增加了绘制岩画的技术难度。

岩画的图像中约一半正身人像的高度为1米—1.8米，巨大的图像，加之独具匠心的构图，密集错落的排序，构建了多处内容丰富的巨幅岩画。左江花山岩画不但展现了当地先民对崖壁特点、颜料、画笔等物质条件的充分认识和掌握，还显示了作画者统一的工艺要求，卓越的技术水平、艺术构思、身体体能与想象力。

花山绝壁处最大的岩画正身人像，高达3.58米

文化景观构成与特征

文化景观是1992年世界遗产委员会第十六届大会上，在"文物""建筑群""遗址"之外提出的一种新的文化遗产类型。文化景观见证了人类社会和居住地在自然限制和自然环境的影响下随着时间的推移而产生的进化，展示了社会、经济和文化在外部和内部因素作用下的发展力量。

左江花山岩画文化景观产生于最初始的宗教、社会需要，当地先民通过绘制岩画而赋予原本自然的山崖、河流、台地以

岩画、山崖、河流、台地共同构成的文化景观单元

宗教意义，实现了祭祀功能，是岩溶地貌中以岩画为核心，利用特定的自然环境而形成的"自然与人的共同作品"。

构成文化景观的自然要素

花山岩画沿明江至左江，自上游而下游依次分布。山崖、河流和台地是构成每个景观单元的自然要素。

山崖是岩画的载体。断层构造及岩溶溶蚀作用等因素共同作用下形成的悬崖峭壁，为创作岩画提供了广阔的"画布"。

蜿蜒的左江及其支流明江，一条如玉带串联起沿江两岸的各个景观单元，是左江花山岩画文化景观格局的重要构成要素之一。

台地位于左江及明江两岸的一、二级阶地上，在岩画所在山崖的正对面或斜对面，与岩画隔江相望，高出水面15—20米，这些台地应当是先民们曾举行祭祀活动的陆地场所，也是他们生产生活的地方。

独创的景观构成模式：岩画、山崖、河流、台地

花山岩画选址独特。有意选择在大江转弯处、面对江水来向的直立崖壁的高处这种艰难的位置持续作画，创造出一系列由岩画、山崖、河流、台地共同构成的文化景观单元。

顺江而下，远远地就能与崖壁及绘于其上的岩画迎面相遇，选择这样的独特位置作画，是为了让观者在远距离（岩画对面的台地或在江面行驶的船上）观望。可见在选择岩画位置时，当地先民已经将山川地貌纳入，对整个景观关系、视觉效果、精神感受、观看"场域"、祭祀场面等因素进行了综合考虑。这是2 000年前当地先民与神明和自然对话的特有方式。

有机演进的景观

左江及其支流明江串联起的各景观单元，整体呈现出"一带多点"的基本格局，在岩溶地貌的衬托中，神秘而震撼，并因岩画艺术的发展而呈现出

"有机演进的景观"之特点。

岩画绘制经历了开创期、鼎盛期、持续期、衰落期四个时期，各期之间有着密切的联系。从其独创的景观构成模式及其体现的人与自然的沟通来看，花山岩画文化景观无疑是岩石艺术文化景观中的杰出范例，是世界岩画艺术的代表作之一。

岩画的独特性

凭借独特的景观构建和图像表达系统，花山岩画生动地描绘了从前5世纪—公元2世纪约700年间，聚居于左江流域骆越人的精神世界和社会发展面貌，以及该区域由舞蹈祭祀仪式、岩画绘制活动彼此交融而形成的极其繁荣、富有活力的祭祀传统。是迄今为止在该区域发现的规模最大、内涵最丰富、最重要的文化遗存，故这一见证既独特、神秘，又极其珍贵。

从花山岩画的作画规模与难度来看，绘制岩画这一祭祀活动所需要的人力、物力无疑比举行它所记录的舞蹈祭祀仪式更多——这也可以说明绘制岩画活动自身所具有的重大意义。

对照世界文化遗产列入的六条标准，左江花山岩画符合：

标准 iii. 能为一种已消逝的文明或文化传统提供一种独特的至少是特殊的见证。左江花山岩画独特的位置、壮美的景观和神秘的画面反映了2 000多年前壮族先民骆越人的文化面貌和精神世界，是其精神文明的物质见证，是左江流域甚至整个桂西地区骆越文化独一无二的见证。

标准 vi. 与具有突出的普遍意义的事件、文化传统、观点、信仰、艺术作品或文学作品有直接或实质的联系。左江花山岩画所表达的铜鼓崇拜、水神崇拜、青蛙崇拜、犬崇拜、生殖崇拜、田（地）崇拜、鬼神崇拜等文化内容，在现代左江、右江的民俗文化中依然存在。许多学者认为，今天广西壮族民间传统的舞蹈（蚂㧯舞）、民族服饰等，就与古代的骆越人有着种种的关联。

特别是铜鼓，在2 000多年前左江沿岸骆越人的社会生活和思想观念中占有重要地位，左江花山岩画中的铜鼓形象及其相关画面内容是对中国南方至今盛行的铜鼓文化的一种极具象征意义的记录。

四、花山岩画保存现状与保护的意义

花山岩画保存状况备受关注

花山岩画的保护问题一直受社会各界高度关注。2004年4月15日《人民日报情况汇编》刊发了题为《广西壮文化瑰宝花山壁画濒临消失》的报道,该报道引起了国家层面的高度重视,国务院相关领导立即做了批示。同年5月,时任国家文物局单霁翔局长赴花山岩画进行了现场考察调研,并对花山岩画保护及申报世界文化遗产、合理利用与加强管理工作方面做了重要指示。

花山岩画经历了2 000多年的风吹日晒,确实存在许多安全隐患,最突

左　风化病害:因岩石的风化作用而产生的岩石片状剥落
右　裂隙病害:由于地质应力的作用产生的裂隙,纵横交错,呈网状分布破坏图像的完整性。虽然花山岩画目前整体岩壁稳定性尚好,短时间内不会发生整体滑移或失稳,但在风化和重力作用下,局部不稳定,岩块时有崩落

左　溶蚀病害：花山岩画的载体花山崖壁为可溶性岩石，CaCO$_3$含量超90%。由于雨水多，岩体裂隙密布，极易形成渗流，岩石在水的渗流作用下发生溶蚀，造成对岩画的破坏

右　粉尘沙尘覆盖病害：大气中的粉尘沙尘飘落在岩石小块面上，长期受水汽作用后，形成一层薄而坚硬的钙华覆盖层把岩画覆盖

出的表现如岩面风化开裂掉块，造成岩画斑驳，甚至消失。

另外，花山特殊的地理环境造成岩画存在诸多病害，主要有：由岩石风化造成的剥落（目前最大的病害）、因高温多雨对可溶性灰岩的溶蚀、粉尘形成的钙华覆盖岩画、强光造成的颜色消退、苔藓等植物破坏画面、鸟类马蜂筑巢污垢覆盖画面。当时国内外没有现成的岩画保护经验可以借鉴。要保护好岩画，必须全面了解其病害成因，寻找一条适合花山岩画保护的路子。

岩画病害治理

　　经过研究，花山岩画的上述病害中，有些破坏是微小而缓慢的，而岩石风化开裂造成岩画大面积剥落，是非常严重而且是致命性的毁损。

　　对花山岩画病害的治理，必须抓住风化和水的渗流溶蚀两个重点。2000年，研究与保护者多次攀上花山山顶进行现场勘测，从山顶至山麓遍布着青黑色石灰岩，且风化严重，沟壑裂隙纵横密布，随处可见对崖壁造成的渗水。

　　岩体的风化是由于大气、温度、水等风化应力长期作用引起的，它对岩画的破坏尤为严重。因此对风化的治理是一项十分必要的保护措施，但从实际情况来看，岩体的风化是自然规律，不可抗拒，而且是难以根治的。从目前的岩画图像与明清留下的史料"或有无首者"及"末乱之先，色明亮，乱过之后，色稍黯淡"等相比照，可以推断，岩画在当时已受风化影响，而并非今日才出现。

　　此类岩画的治理是一项世界性文物保护科研课题。"保持现状""最少干预"是我们保护岩画的原则。保持花山岩画的真实性与完整性是我们一切保护工作的宗旨。要保护好花山岩画，我们首先要走出一个认识误区——抗逆自然。因为自然力是不可逆转的，我们只能顺着自然的发展去寻找一些合理的、科学的、具有可持续性与可操作性的保护手段，去延缓岩画的消失。

　　中国地质大学于2005年进行了花山岩画工程地质勘察，提出了花山岩画第一期水害治理工程及危岩体抢救性加固保护方案。

　　2013年，广西壮族自治区文化厅为了配合花山岩画申遗需要，设置了十多个岩画科研课题，开展岩画保护研究。经过多年对花山岩画的调查研究分析，基本掌握了岩画病害的不同特点和成因，最终确定以抢救性加固与长期治理相结合的保护思路。

科学的实施方案

　　在花山岩画的保护工作中，汇聚了各方面专业力量来及时解决各种问题。

多学科多部门参与攻关。岩画的保护,是世界性难题。文物的珍贵性、稀缺性和不可复制性,要求保护技术必须有绝对的可靠性,最大限度地避免保护性破坏。花山岩画保护联合了西北大学文博学院(现文化遗产学院)、中国文化遗产研究院、中国地质大学、首都师范大学、上海同济大学、上海德赛堡建筑材料有限公司、广州白云文物保护有限公司、河北省文物保护中心、中央民族大学中国岩画研究中心等部门开展岩画保护前期调查研究。

多项目技术研究支撑。为了给花山岩画保护提供强有力的技术支撑,自2001年以来,相继开展并完成了《花山岩画本体病害详细勘察》《花山岩画本体开裂岩体粘结加固材料试验》《花山岩画微环境气体监测》《花山岩画岩体开裂剥落病害机理研究》等数十个项目课题。

保护措施实施过程的调整与完善。2009年12月8日,花山岩画保护工程正式开工。花山岩画保护工程是一项专业性强、难度较大的文物保护工程。根据国内文物保护专家的意见,保护方案设计单位直接参与方案实施,便于在施工过程中及时发现和解决新的问题;对原设计方案进行及时调整和完善,确保各项技术性能的安全可靠和岩画的绝对安全。

对我国图绘类岩画保护的意义

目前,世界各地的岩画面临着一个共同的难题就是保护问题。在中国,对岩画的研究很多还处在对岩画的调查、统计、年代断定,内容解读等层面上。各地岩画存在的不同程度的病害毁损,大多因技术、资金、人员等方面原因,暂时都还任由其发展。花山岩画通过十多年的前期的勘察、研究、分析、试验,逐步摸索出了一种特殊的保护方式。花山岩画第一期保护项目的性质是抢救性保护,保护工作的重点是花山岩画本体保护,保护工作的核心是岩画黏结加固材料的研究。通过广泛的调研筛选,进行了大量的室内室外试验,有针对性地筛选出适合花山岩画岩片开裂的黏结材料。以对文物本体"最小干预"为原则,实施岩画开裂部位的抢救性加固。

2009年12月8日，花山岩画保护工程开工仪式

  可以说花山岩画一期保护工程是摸着石头过河，其可圈可点之处在于创造性，不管是在陡峭且负倾角很大的狭窄河岸悬崖搭设高耸的脚手架，不需打一个连墙孔，还是在加固材料的选择、配比，最后到保护方案的具体实施，都是一次大的挑战。花山岩画一期保护工程是广西左江岩画保护的转折点，它揭开了中国岩画大规模实施保护维修新的一页，是中国岩画保护史上的里程碑。

鼓浪屿

全球公民精神的重要课堂

郭语涵

鼓浪屿保护管理日常专业咨询项目负责人

2017

鼓浪屿地处福建厦门，亚热带海洋性季风气候使得这里四季温暖潮湿，雨水充沛；全岛面积约1.88平方千米，风景秀丽、气候宜人，遍布近千种植物，涨潮时，"浪击石洞，声若击鼓"，因而得名鼓浪屿。

这样一个中国东南部沿海美丽且宜居的小岛是如何在百年内成为中国高品质近代社区的独特范例？她又为何能被评为"全球公民精神的重要课堂"？

鼓浪屿：历史国际社区

列入时间：2017年

列入标准：(ii)(iv)

遗产分布：福建省厦门市

鼓浪屿与厦门岛隔江相望

一、从海岛渔村到国际社区

鼓浪屿的近代化历程，被第一次鸦片战争爆发（1840年）、《厦门鼓浪屿公共地界章程》的签订（1902年）这两个历史节点，划分为特征差异显著的三个阶段——从一个海上的闽南文化聚落（本土文化积淀期），转变为西方多国侨民聚居的公共地界（外来文化传播期），继而发展为以内渡台胞和返乡华侨为建设主体的国际社区（多元文化融合期）。

本土文化积淀期

宋以前，鼓浪屿还是一座渺无人烟的小岛，当时被称为圆沙洲或者圆洲仔。差不多到元代，邻近鼓浪屿的闽南地区居民，在具有悠久历史传统的海洋经略活动中，选择鼓浪屿作为新的栖息之地，掀开了鼓浪屿开发的序幕。

伴随着15世纪的地理大发现和新航路开辟，东西方之间交通迅速发展，这座小岛所处的闽南地区被席卷入第一波全球化浪潮中。

鼓浪屿地处九龙江入海口的厦门湾，南为著名的漳州月港。明景泰到天启年间（1450—1627），漳州月港作为中国有限的开放港口，成为对外贸易的桥头堡。月港的兴起和繁盛直接促进了位于出海必经之路的鼓浪屿岛和海外的联系。17世纪时，厦门岛鼓浪屿已被明确标识在了西方的航海图上。鼓浪屿北侧燕尾山与西南侧的升旗山可直接控制与厦门之间的鹭江海峡，即17世纪以来厦门港的出海航道。

1727年，清政府取消南洋禁航令之后，厦门成为中国与东南亚海上贸易的重要口岸。而作为当时厦门港屏障的鼓浪屿，也发挥着日益重要的军事和交通联系作用。

随着闽南地区居民的海上经略活动规模的急剧扩展，海外贸易与移民迅速增长，移居开垦鼓浪屿的闽南居民人数也不断增加。鼓浪屿岛上逐渐形成三个较完整的居民聚落——内厝澳聚落、岩仔脚聚落和鹿耳礁聚落。

保留至今的"黄氏小宗"等祠堂建筑，以及"大夫第""四落大厝"等

19世纪末的岩仔脚传统住区

四落大厝、黄氏小宗、日光岩寺

民居建筑，都是鼓浪屿早期闽南传统建筑的代表性遗存。而分布在岛上不同位置的种德宫、日光岩寺等早期宗教遗存，也极富闽南传统装饰色彩。

黄氏小宗位于岩仔脚聚落原址，是从同安黄姓家族迁居至岛上的一个支系的祠堂，建于19世纪上半叶，为鼓浪屿现存最早的闽南传统木构院落式民居之一。该建筑为一进院落，如今只剩下院门和正房。院门条石门框上方嵌"黄氏小宗"石匾。这座小院是最早来到鼓浪屿岛的西方传教士的居所和布道场所。1842年，美国归正教会传教士雅裨理与甘明医生在鼓浪屿活动期间，曾在此租住，甘明医生在这里行医，因此这里也曾是近代厦门第一个西医诊所。后来，黄氏族人也曾利用这座祠堂空间开设私塾，1898年戊戌变法后称"普育小学堂"。

四落大厝同样位于岩仔脚聚落，于19世纪20—40年代由黄氏家族祖孙三代及族人建设，是鼓浪屿现在保存下来规模最大、最完整的一组闽南红砖厝建筑群。四落大厝布局上遵循着中国传统的风水理念，背靠日光岩山坡，面向厦门方向鹭江的田地。

这些遗存集中展示了中国古代社会中受儒家文人士大夫文化影响的居住伦理与耕读传家的生活形态，以及鼓浪屿早期闽南传统文化的深厚底蕴。而闽南传统文化所带来的宽厚的包容力和开放的海洋精神，也使得鼓浪屿在厦门开埠之前就和东南亚地区及西方建立了密切的海上商贸往来，为19世纪中期多元文化的碰撞和交流创造了先天条件。

外来文化传播期

19世纪中叶正值全球化发展的第二阶段。1840年，鸦片战争爆发。1843年，厦门开埠，成为首批对外开放的通商口岸。鼓浪屿正式进入发展的第二阶段——外来文化的传播期。

鼓浪屿是与厦门英租界隔海相望的独立地理单元，对渡非常便利，且岛上气候、卫生、安全条件优于厦门岛。因此，陆续有不同国家的外交人员、传教士、商人和他们的家属将鼓浪屿作为居住地，租用民房或建起住宅、别墅。

外国人的建设主要集中于东部的鹿耳礁、田尾区域、和记码头到三丘田码头之间的海滨地带，靠近厦门的方向，方便坐船往来于厦门、鼓浪屿之间。这片区域逐步建立起不少领事馆、商贸洋行、货栈，以及领事公馆、洋行公馆、职员公寓等。这些早期的外国居民主要是在厦门任职的各国领事、

19世纪晚期西方人建造的风格统一的外廊式建筑

海关机构的公务人员、洋行职员和商业贸易从业人员，以及传教士等。为了改善生活条件和居住环境，外国人的到来推动了鼓浪屿第一次社会与文化变迁。

1863年，由美国归正教会、伦敦差会、英国长老会联合成立的"三公会"，在鼓浪屿建立起第一座礼拜堂，即保存至今的协和礼拜堂。围绕这个礼拜堂，逐渐形成了由各国早期公共设施、墓地、文化娱乐设施组成的早期西方人生活中心，传教士们为这一时期的鼓浪屿引入了西方的教育体系、医药卫生、文化娱乐等新的生活方式与社会风貌。

鼓浪屿引入的西方教育体系主要表现在教会兴办的从幼儿教育、小学、中学到职业教育的一系列学校，以及华人创办的各类学校。19世纪下半叶到20世纪上半叶，鼓浪屿的文教事业多与教会有关，不但兴办的学校数量多，并且种类齐全，鼓浪屿成为当时闽南乃至福建地区学校最多最密集的地区，很多文教设施建筑保存至今。曾是幼教设施的蒙学堂旧址（吴添丁阁）、曾为中外女童提供教育的毓德女学校旧址、曾为男女合校的教会学校安献

203

毓德女学校旧址、闽南圣教书局旧址、安献楼

楼都是鼓浪屿教育设施遗存的代表；此外，还有曾是文化出版机构的闽南圣教书局旧址等，共同见证了19世纪中叶到20世纪中叶鼓浪屿文教事业的发展，以及文教设施在当时鼓浪屿社区中的作用。

鼓浪屿的医疗卫生体系主要表现在教会医院、综合性医院，还有后期华人西医诊所与私人医院等医院建筑遗存。厦门、鼓浪屿最早设立的西式诊所是1842年美国归正教会的甘明医生设在黄氏小宗的诊所。随着教会在岛上的传教活动，首先设立的就包括为教众和普通民众解除疾病痛苦的西式医院，且这些医院往往兼具半医半学的特征，培养了许多掌握现代医学的人才。这些医院也成为西医在闽南地区推广、传播的早期基地。鼓浪屿的华人诊所除了传统中医诊所、药房外，曾在教会医院学习西医的华人也开办了西医诊所。鼓浪屿具有代表性的医疗设施遗存包括19世纪末所建的救世医院和护士学校旧址、20世纪所建的博爱医院旧址，以及华人主持开设的医疗机构——私立鼓浪屿医院旧址。

鼓浪屿文化娱乐体系的引入始于19世纪中叶，作为外国人生活一部分的文化、艺术、娱乐生活开始在鼓浪屿传播，各种近代化的体育运动被引入鼓浪屿，并在华人华侨群体中传播开来，且建起了为华人服务的文化娱乐设施。据研究，鼓浪屿是板球、网球、保龄球等近代体育项目在中国的最早传入地；同时，早期在鼓浪屿开展的

救世医院和护士学校旧址、博爱医院旧址、宏宁医院旧址（即鼓浪屿医院旧址）

万国俱乐部旧址、延平戏院旧址、洋人球埔旧址

体育运动还有攀岩、台球、足球、曲棍球、田径等。保存至今的洋人球埔旧址、万国俱乐部旧址、延平戏院旧址都是鼓浪屿19世纪中期到20世纪中期文化娱乐设施遗存的代表，见证了当时丰富多彩的社区文体娱乐生活。

将这些建筑串联起来的则是岛上的道路。1878年成立的"鼓浪屿道路墓地基金委员会"，通过征收人头税、人力车辆税、马匹税、其他车辆税、坟地税等进行"筹款"，并初步确立了每年推选代表负责社区公共事业的社区运行、管理模式。通过这一组织的协调与管理，到19世纪末，主要的道路结构体系已基本形成。这些道路以步行为主，依山就势，包括围绕日光岩和笔架山等主要山体的环状道路和通往码头的放射状道路，并在主干道的基础上增划了街区内的小路，形成了相对完整的路网体系。

19 世纪末的鼓浪屿

这个时期鼓浪屿上的中西住区分界清晰,且城市建设以外国人为主导,文化边界比较明显。华人在选址中沿袭传统风水理念,聚居区集中于背山面海的低洼地段;而新建的外国人居住区建设倾向于选择视野开阔的山顶或临海等的朝向和景观较好的位置,建筑密度较低,体现出与中国传统聚落完全不同的居住理念。这个阶段,外国人新建的建筑形式以外廊式建筑为主。但在经历了19世纪末、20世纪初几次台风灾害后,一些早期建设的外国人建筑被毁,他们也开始吸取中国传统聚落选址的经验,逐渐迁移至山坡、环谷地段,中西聚居区之间的地理边界也逐渐模糊。

多元文化融合期

随着鼓浪屿的中外居民不断增加,社区基础设施的建设与维护、治安等均面临着巨大的压力;另一方面,日益崛起的日本一直寻求在鼓浪屿获得更多利益,其他各方势力都希望能够对此有一个合理的模式予以制衡。

1902年1月10日,中外代表签订了《厦门鼓浪屿公共地界章程》草案,同年11月21日,光绪皇帝正式批准《章程》,鼓浪屿成为公共地界,但土地仍归中国皇帝所有。1903年1月,鼓浪屿公共地界工部局成立,在清政府中央机构的授权下,行使公共地界的管理职能,建立起鼓浪屿驻岛各国侨民与中国代表共同参与管理的公共社区管理体制,由此开启了鼓浪屿近代化发展的第三阶段——多元文化融合期。

从工部局成立到1941年太平洋战争爆发，是鼓浪屿岛上多元文化碰撞、交流、融合与互鉴最为广泛而深入的时期，也是鼓浪屿发展完善并达到高潮的时期。

工部局成立后，逐步推动对社区建设活动和日常生活规范法制化的管理，制定了《鼓浪屿工部局律例》。这部律例的实质是被赋予强制执行力的社区公约，约束对象为居住、工作或临时往来岛屿上的人，管理范畴涉及公共地界的财政、建筑、商业、交通、卫生、公共环境、公共安全等方方面面。比如，不准在人烟稠密的地方骑脚踏车、不准居民于夜间11点至次日早晨7点燃放爆竹，不准在街道弃置污秽物，设置广告牌不得侵入公路3尺等，甚至还有不准殴打或虐待家畜的条款。当时的律例也体现出对公共环境景观元素的重视，规定了全岛十处名胜石不准破坏。律例总体上以公共利益维护为导向，简便易行，实用性极强，很多条款至今仍值得参考。

鼓浪屿如今保存有完整的行政、司法、警察署等管理机构遗存，包括鼓浪屿工部局遗址、会审公堂旧址、日本警察署及宿舍旧址等历史建筑或遗址，集中地展示出20世纪初期鼓浪屿的管理模式，具有一定的时代领先性。

鼓浪屿相对稳定、宽松的社会环境，良好的社区服务及基础设施，以及优美的自然环

鼓浪屿工部局遗址、会审公堂旧址、日本警察署及宿舍旧址

境，越来越多的返乡华侨、闽南富绅返乡后定居鼓浪屿。华侨的回归不仅极大程度地促进了鼓浪屿乃至厦门地区的经济发展，他们更是以实业报国的心态，为城镇建设提供了充足的资金支持。

以返乡华侨为主的中国居民在岛上建设了大量房屋。华侨及闽南富绅的洋楼、宅园，以及现代化基础设施和商贸设施在鼓浪屿全岛范围的建设，既有对原有聚落的改造，也有新开发的区域，华、洋社区的边界被彻底打破。据统计，仅 1920—1930 年，岛上由华侨组织建造的住宅就达 1 200 余栋。

至 20 世纪 30 年代，鼓浪屿社区建设空前繁荣，中外居民建设区域相互融合，中西文化区域边界消解，富有特色的建筑、公共设施、城市街区，其建造质量和服务水平都是当时罕见的。鼓浪屿形成了具有完善功能结构的近代化国际社区，支撑着当时中西方多元文化融合、交流、发展的国际社区形态，并以其高品质的生活环境闻名于世。尤其是随着华人精英们对现代文明的理解和认识，这个时期的华人群体积极投入社区公共建设，鼓浪屿逐渐建立起完善的社区公共设施体系，使鼓浪屿彻底发展为多元文化相融合的国际居住社区。鼓浪屿这些社区设施和相关的物质遗产也以较高的真实性和完整性保留至今，成为当时社会生活状况的实物见证。

20世纪 30年代的鼓浪屿

鼓浪屿讲述给全世界的，是文化间交流的一个独特案例，在其不到两平方千米的狭小空间内，浓缩了19世纪中叶到20世纪初全球化发展波澜的层层印记，见证了各种价值观念在这个小岛上的交汇、碰撞和融合过程。数十年间，越来越多的外来文化元素不断汇聚于此，影响并融入本土文化，通过循序渐进的自我更新和转化，形成新的文化发展和创造。

二、全球公民精神的重要课堂

鼓浪屿于2017年被列入世界文化遗产。时任教科文组织总干事博科娃女士，在为鼓浪屿授牌致辞的时候对鼓浪屿的遗产价值和当代意义给予了高度肯定：

"这座小岛虽然面积小，却是一个巨大的价值和精神载体。鼓浪屿孕育了文化和宗教的对话，它可以帮助今天全世界的人们理解和实践尊重、包容，以及欣赏多样性的价值观，这是全球公民精神的重要课堂。

这座岛屿给予我们希望，其并存的建筑风格可以鼓励和引导我们走向和平的文化并存，它为跨文化丰富性提供了实物例证，而且今天我们比以往更需要这些。

……

在这个世界上，仇恨、暴力极端主义和冲突的火焰仍在燃烧，因此我们需要去分享包容和互相谅解的精神，同时我们还需要去珍惜和保护那些拥有并能传达这种精神的地方——鼓浪屿就是其中一处。"

重新审视鼓浪屿历史国际社区形成发展历程，展现给我们的是，在19—20世纪这一全球化发展进程中关键的时空节点上，这样一个狭小、独立的海岛地理单元和因公共地界章程签订而形成的独特社会单元中，从世界各地汇聚于此的文化元素之间在此发生碰撞、对话到融合、发展的过程。

作为多元文化影响下的国际社区，鼓浪屿以惊人的发展速度，迅速从一个传统农业社会住区发展成为具有近代化公共管理、服务设施的新型社区，这一成长过程即使在整个亚太地区也是罕见的。这正是我们寻找的鼓浪屿世界遗产之核心价值。

鼓浪屿的突出普遍价值可以归纳为三个主题：

一是19—20世纪独特的国际社区——鼓浪屿通过当地华人、归国华侨，以及来自多个国家的外国居民的共同努力，发展成为具有突出文化多样性和现代生活品质的国际社区，加之优美宜人的海岛环境，成为汇聚精英群体的理想定居地。

二是多元文化的交流与融合——来自全球各地的多元文化在社区环境中经历了半个多世纪的碰撞、交流与融合，这种文化交融在有机城市肌理中清晰可辨，这一点符合突出普遍价值标准 ii：鼓浪屿的建筑特色和风格体现了中国、东南亚及欧洲建筑在文化价值观和传统方面的交融，这种交融的产生得益于岛上居住的外国人和归国华侨的多元性。岛上建立的聚落不仅反映了定居者从原籍地或先前居住地带来的影响，还混合形成了一种全新的风格——厦门装饰风格。这种风格在鼓浪屿发展并影响了广大的东南亚沿海地区以及更远的地带。就此而言，鼓浪屿见证了亚洲全球化早期各种价值观念的交汇、碰撞和融合。

三是突出见证文化交融的厦门装饰风格——这是华人群体兼容并蓄后的文化创新，鼓浪屿完整地见证了其诞生和发展的环境和全过程，符合突出普遍价值标准 iv：鼓浪屿是厦门装饰风格的起源地和最佳代表，这种风格以厦门在本土闽南方言中的称呼 Amoy 命名，指的是首先在鼓浪屿岛上出现的建筑风格和类型，体现了当地建筑传统灵感与来自西方早期建筑风格灵感的融合，特别是现代主义和闽南移民文化的影响。基于上述因素，厦门装饰风格体现了传统建筑类型向新形式的转型，这种风格后来被借鉴到东南亚各地，并在更广泛的地区流行开来。

而在鼓浪屿历史国际社区发展历程的背后，我们再将重点聚焦到推动社区运转和发展的人的层面。尤其是闽南文化族群、外来多国侨民和返乡华人华侨三个文化群体在这个过程中的状态，大致对应了鼓浪屿发展的三个阶段不同的核心推动力量。

由事实呈现出的是具有海洋文化特质的华人群体对传统文化的秉承，对外来文化的包容借鉴和开拓进取精神，使鼓浪屿得以在 20 世纪初摆脱一般受殖民统治地区的发展路径，持续吸纳越来越多的外来和现代文化元素，并在融合中产生以"厦门装饰风格"建筑为代表的创新发展。这一价值认知，帮助遗产地社区群体从积极的角度理解其祖辈留下的生活场所作为文化遗产

"厦门装饰风格"建筑

的独特意义，在世界遗产的突出普遍价值与社区个体之间建立起具体而紧密的联系，成为社区通过遗产保护恢复文化自信的基础。

这正是对应博科娃的评价——"全球公民精神的重要课堂"的重要印证。

非常值得一提的是，通过鼓浪屿遗产申报和价值的重新探索，鼓浪屿在当代的社区中发生了一种转变，找到了突出普遍价值的核心和当地社区文化认同与文化自信之间的关系。这让原来长久陷于所谓"公共租界"的身份，把历史遗存都看作是屈辱历史见证的心态得到转变，通过更多视角理解历史的真相，从而发现在那个历史国际社区中所发生的对当代世界的启示意义。

三、共享之路，代际传承

鼓浪屿是一座具有多重身份的小岛，包括国家级风景名胜区（1988年）、国家5A级旅游景区（2007年）、中国历史文化街区（2015年）、世界遗产（2017年）等，同时也是一个有着超过一万常住人口的社区。

改革开放后，厦门市遵循将鼓浪屿的建设和保护统一规划的宗旨，制定了将历史文化和景观价值整体保护的策略，现在的鼓浪屿基本完整保留了20世纪30年代末的整体面貌和城市空间肌理。20世纪80年代便确立了不在鼓浪屿与厦门本岛之间架设桥梁或修建隧道的保护要求，以保持独立的海岛形态，维持全岛的历史风貌和以步行为主的道路交通。

鼓浪屿是全国较早启动近现代建筑调查和保护的城区之一。全岛目前2 000余栋建筑中，有近千栋历史建筑。鼓浪屿专门建立了针对历史风貌建筑的保护管理体系。这些措施使得鼓浪屿上大量的历史建筑得到了较好的保护。

但同时，由于对文化内涵的挖掘不足，很多意义重大的历史遗存处于荒废或不当利用的状态中，而旅游热潮给社区生活环境造成日益严峻的压力和负面影响，加之社区功能向服务于旅游的单向强化，使得岛上的基础教育、公共医疗等社区公共服务资源被削减。这些因素共同导致了与鼓浪屿历史有着紧密联系的社区群体逐步迁离。

完整保留至今、尺度宜人的街巷空间

  2008年，厦门市决定启动鼓浪屿申遗工作。2009年，厦门市政府成立"鼓浪屿申报世界文化遗产工作小组"。2012年，鼓浪屿列入《中国世界文化遗产预备名单》。2013—2014年，《厦门经济特区鼓浪屿文化遗产保护条例》和《厦门经济特区鼓浪屿文化遗产地保护管理规划》颁布实施。"申遗不是目的，保护才是目的。"这一观点从申遗开始便被强调，也成为鼓浪屿申遗工作的主基调。

  基于申遗期间对遗产价值的深度研究，鼓浪屿确立了清晰的遗产价值主题和以社区为核心的发展路径。新一阶段的发展，不再是申遗前以景区建设、发展旅游为主导，而是以遗产价值为核心，更加关注、尊重社区的健康发展。这个转变过程有效地推动了政府和社区的互信与合作，实现以社区为核心的"共享发展"目标。

  鼓浪屿认识到以往的旅游模式和规模已经给遗产地带来了严重负面影响。为了缓解旅游活动和社区生活之间的矛盾，在申遗阶段，政府下决心将日最高游客承载量从原来单纯以景区容量角度测算的65 000人下调到综合考虑景区承载量和社区舒适度的50 000人；在码头航线上分流市民和游客，以优先保障当地居民的通勤需求，并加强对游客的引导，以及管理和优化旅游

213

商业业态的合理分布，尽可能降低旅游对社区生活的负面影响。

同时，鼓浪屿没有从保护整治角度采取对社区居民进行大规模疏解搬迁的策略，而是采取微整治的方式，以尽可能少的整治搬迁干预手段，恢复岛上最能突出展现遗产价值特征区域的历史原貌，并通过保护与合理利用，将遗产资源转化成可提升社区文化生活品质的空间，希望吸引更多居民回到岛上。

2015年，国家文物局确认推荐鼓浪屿作为2017年中国申报世界遗产项目，并于9月，向世界遗产中心递交《鼓浪屿申报世界遗产文本》预审。2016年1月29日，经国务院审批通过，正式向世界遗产中心递交《鼓浪屿申报世界遗产文本》。

2016年9月16日，是原定国际专家来鼓浪屿进行现场考察的日子。但就在此前一天，台风莫兰蒂在厦门登陆，直击鼓浪屿，给鼓浪屿全岛环境造成了严重的破坏。这场百年一遇的超强台风[1]，对于正待"迎检"的鼓浪屿来说，无疑是紧迫且艰巨的考验。

随着数年来遗产保护工作的推动，地方政府与当地社区建立了良好的沟通协作机制。此次台风灾害应对过程中，政府部门组织的各项工作均得到了社区公众和各驻岛机构的积极支持。大量的社区居民志愿者、驻岛部队官兵、其他驻岛机构的工作人员、商家店主等在第一时间加入救援，为鼓浪屿灾后社会生活和景区功能的迅速恢复做出了巨大的贡献。10月16—21日，国际古迹遗址理事会专家考察现场，整个社区在这次重大自然灾害的防御和应对过程中向国际专家展现了强大的凝聚力和人文关怀。

2017年7月8日，世界遗产大会表决通过鼓浪屿列入《世界遗产名录》，鼓浪屿在保护和发展的路径上跨入新阶段。申遗成功不是保护工作的终点，而是新的遗产保护与可持续发展的起点。

---

[1] 此次莫兰蒂台风属于超强台风，在厦门登陆时间为2016年9月15日凌晨3时，登录时台风中心最大风速48米/秒，并伴随强降雨。这不仅是2016年全球海域最强台风，也是继1917年以来登陆厦门的最强台风，对我国东南沿海地区特别是正面登陆的厦门地区造成了严重的破坏。

鼓浪屿

台风过后，倒伏的树木通过艺术装置的形式留在原位，以各种各样的形式向公众继续传递着故事

　　通过申遗过程中对鼓浪屿遗产价值的梳理，遗产地管理者清晰地认识到，鼓浪屿被列入世界遗产，并不是以建筑群的类型，而是更强调整体性——"由文化遗产核心要素、文物、建筑、古树名木及海岛自然景观构成的鼓浪屿历史建成环境，以及延伸在其中的多元文化传统共同组成的有机整体。"

　　鼓浪屿的保护管理得到重大突破是在2019年7月8日，即申遗成功两周年之际，正式颁布实施新版《厦门经济特区鼓浪屿世界文化遗产保护条

215

公共议事会讨论提案、商家协会会员大会、社区民众参观遗产监测中心

例》，遗产地保护管理核心理念通过立法得到确立。

管理机制上，鼓浪屿借鉴了历史国际社区时期社区公共决策的议事模式。根据鼓浪屿的社区构成，由户籍居民、非户籍居民、驻岛机构和行业协会代表等多方主体组成公共议事会；其作为利益相关者参政议政的重要平台，强调了遗产地的社区参与治理。公共议事会不仅参与讨论政府决议和出台政策，还代表社区向政府提案。议题涵盖居民民生、遗产保护、社区和旅游发展、环境治理等多方面主题，大部分议题已由政府采纳或落实。

《条例》框架内还出台了一系列与文化相关的政策，包括推动保护修复的历史建筑（特别是公有建筑），以此积极回应社区需求，如社区会客厅、社区服务中心、社区公共空间，承载多姿多彩的社区文化生活，促进社区文化传统复兴；以及直接对社区文化发展、文化创新类活动的支持，扶持在岛居民恢复举办家庭音乐会、庭院音乐会等鼓浪屿传统社区活动，引导社区自发参与和举办丰富多样的活动，呼唤人文回归，使非物质和物质要素重新凝聚出鼓浪屿独特的社区生活场景。这些都是鼓浪屿一脉相承的文化传统。体现的是对社会发展的全面支持，鼓励并尊重当代社区的文化创造，尤其是社区人口新陈代谢过程中保持对多样性的包容。

家庭音乐会、各种诗社、文学社团等有了越来越多的活动场所，很多曾经淡出鼓浪屿的艺术形式也逐渐回归，以鼓浪屿历史文化为主题的民间研讨沙龙、交流活动、纪念活动也频繁出现。这些努力让公众对遗产保护的目标和方向有了更为清晰的认识，也逐渐认同了政府推动遗产保护和传承的决策。

鼓浪屿是世界遗产地，也是风景名胜区、旅游目的地，但首先她是个延续着生活的社区。守护、传承好鼓浪屿的文化遗产，不仅是通过文化旅游的方式向世人展现这里独特的价值，也是为现在和未来生活在这里的人，能够从祖辈、先人的成就和贡献中获得作为社区成员的自豪感，并由此建立起情感纽带，提升社区的凝聚力。

历史上的社区成员，是遗产价值的缔造者；当代的社区成员，则是遗产价值的守护者和传承者，甚至会是新的遗产价值的创造者。

丰富的社区文化生活

良渚

被誉为文明圣地的世界遗产

赵 晔

浙江省文物考古研究所研究员
良渚申遗专家团队成员

2019

中国是世界上唯一一个历史不曾间断的文明古国，人文古迹数不胜数，列入《世界遗产名录》的遗产地也有几十处。作为良渚文化的核心区，良渚古城遗址于2019年被列入《世界遗产名录》，是迄今中国唯一一处新石器时代的世界文化遗产。其主要的遗产价值是：中国新石器时代晚期长江下游一个早期区域性国家的权力和信仰中心。这个区域性国家建立在成熟的稻作农业基础之上，且拥有统一的信仰体系，代表了一个具有复杂功能和结构的早期城市文明，也代表了长江流域对多元一体的中华文明起源做出的卓越贡献。它见证了中国和东亚5 000多年前史前稻作文明的最高成就，也是人类文明史上早期城市文明的一个杰出范例。

良渚古城遗址的申遗范围由四个区块构成：城址区、瑶山遗址区、谷口高坝区、平原低坝—山前长堤区，总面积为14.3平方千米。四个区块凝结了四个核心要素：权力与信仰中心的城址、功能复杂的外围水利系统、分等级的墓地（含祭坛）、具有信仰与制度象征的系列玉器。

良渚古城遗址

列入时间：2019年

列入标准：(iii)(iv)

遗产分布：浙江省杭州市

良渚古城遗址申遗范围

一、考古让遗址重拾历史

良渚古城遗址位于浙江省杭州市余杭区东部,地处浙西山地丘陵与杭嘉湖平原接壤地带,北依东天目山余脉大遮山丘陵,南有相对独立的大雄山丘陵,区域内水资源丰富,地理环境十分优越。这种依山傍水且呈半封闭的地理空间可进可退,既有获取山地建材资源的便利,又有获取平原食物资源的优势,加上更早先民的人文积淀,距今5 000年前,这里成了良渚古国的权力和信仰中心。良渚先民沿河而栖,居木骨泥墙之屋,屋顶呈四面坡状且设有气窗,饮食方面使用各种陶器,他们凿井取水、泛舟出行,这种精致的生活习惯,奠定了如今的江南生活方式。

良渚古城发现于2007年。在此之前,考古界一直把良渚地区发现的众多遗址统称为"良渚遗址"或"良渚遗址群"。良渚遗址发现于1936年,不知是天意还是巧合,发现者施昕更恰好是良渚人。当时施昕更是西湖博物

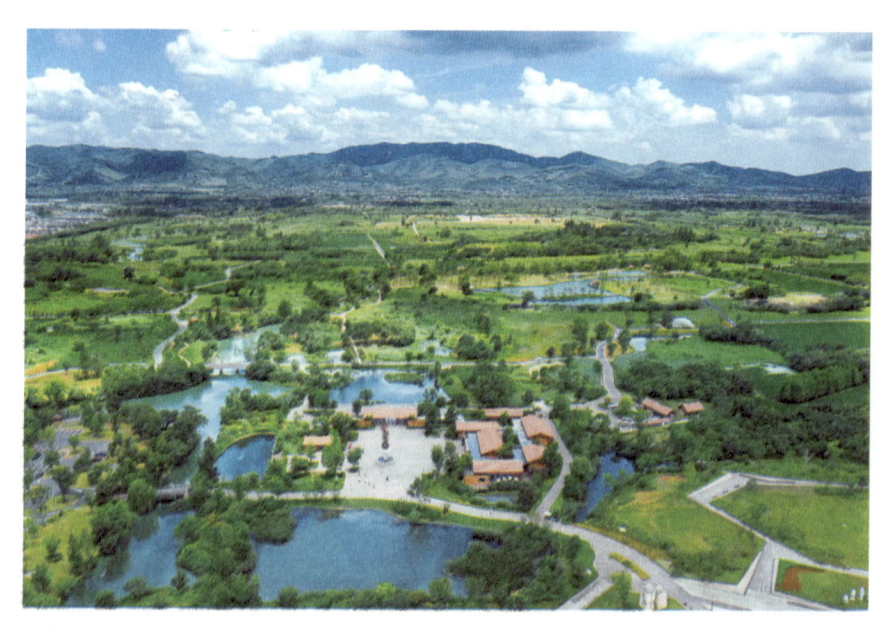

良渚古城遗址公园全貌

馆地矿组干事，1936年5月底参加了杭州古荡遗址的考古发掘，对出土的黑陶和石器颇有似曾相识之感，原因是家乡时常出土同类文化遗存。随后的大半年时间，在馆长董聿茂的指导和支持下，施昕更对良渚至安溪、瓶窑一带进行了多次调查和小规模试掘，最终发现棋盘坟、横圩里、茅庵前、钟家村等12处遗址，并获得大量黑陶和石器。随后，他将这些调查和试掘资料整理成考古报告，书名为《良渚——杭县第二区黑陶文化遗址初步报告》。此书稿在抗日战争爆发的恶劣环境下，经过千辛万苦，终于在1938年由浙江省教育厅资助出版。1939年，施昕更在抗日活动中因病去世，留下了"我还盼望着第二次在良渚发掘"的遗憾。如今，在良渚古城遗址公园南入口东侧，可以看到施昕更先生的站立铜像，望向远方的坚定眼神，流露出他对良渚文化深深的挚爱。施昕更的考古工作及学术专著，拉开了良渚文化考古的序幕，良渚遗址也因此成为中国考古学初创时期发现的第一批遗址之一。

1949年后百废待兴，考古工作只能零星开展。1981年，因砖瓦厂取土

施昕更铜像　　　　　　《良渚》报告

发现玉器等文物，成立不久的浙江省文物考古研究所对瓶窑镇吴家埠遗址进行了考古发掘，揭露出马家浜（距今7 000—6 000年）、崧泽（距今6 000—5 300年）、良渚文化（距今5 300—4 300年）三个时期的文化遗存，表明良渚地区除了有大量良渚文化遗存，还有更早的前后相继的史前文化。发掘结束后，省考古所随即在遗址边上安营扎寨，设立了吴家埠考古工作站。以此为基地，开启了良渚地区持续的常态化考古工作。

1986年，正值良渚遗址发现50周年，反山贵族墓地赫然面世，它是当时乃至迄今所见等级最高的良渚文化王族墓地，出土各类精美文物1 200余件（组），绝大部分随葬品为玉器，其中包括代表神权的玉琮、代表军权的玉钺、代表财富的玉璧，以及冠状梳背、三叉形器、成组锥形器、镯、组佩等装饰性礼仪玉器。此前，考古工作者在江苏和上海均发现了良渚文化的贵族大墓，而良渚文化命名地的良渚地区还悄无声息。反山发掘也是良渚考古的转折点，它的惊艳成果使浙江的良渚考古柳暗花明，并从此一直占据良渚

反山墓地

瑶山祭坛　　　　　　　　　　汇观山祭坛

文化考古的中心地位。

1987年，因盗掘引发的瑶山遗址考古发掘，经清理发现11座随葬大量玉器的显贵墓葬，玉器的种类、数量和精美程度接近反山墓地。令人意外的是，墓地设在瑶山西坡一个人工堆筑的台地上，台地顶部呈长方形，并以回字形灰土围沟分割出不同土色的内外三重结构，明显具有宗教寓意，故被判定为祭坛。1991年，汇观山顶部清理贵族墓葬时再次发现祭坛遗迹，长方形顶面也有回字形灰土围沟，而且整体修凿于汇观山顶部，规模比瑶山祭坛更大，两侧还有排水沟。两处祭坛代表了良渚文化先后两个时期的王家祭祀场所。

1992—1993年，莫角山遗址经过精心剥剔，证实有数万平方米考究的人工夯土基址，基址上清理出成排的大型柱坑，表明基址上有过宏伟的宫庙建筑。整个莫角山呈规整的长方形，占地30万平方米，高约十米，大部分由人工堆筑。北京大学严文明教授在1996年就发表文章，提出"莫角山可能为都城，反山就可能是王陵"的观点。从此，莫角山作为良渚遗址群乃至整个良渚文化的中心遗址开始受到世人瞩目。

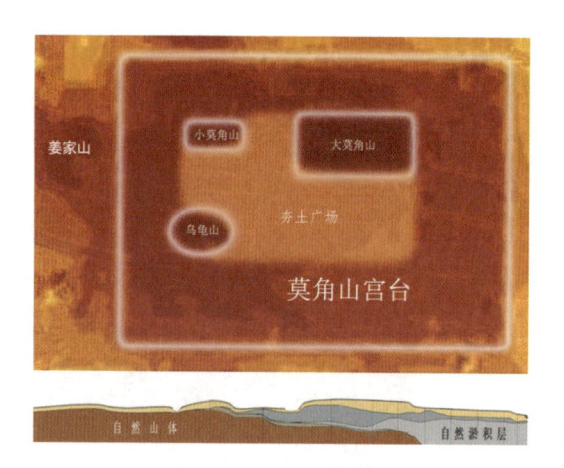

莫角山平剖面结构图

经过多次调查，众多的遗址在地面上密集分布，使专家们意识到，这些遗址并不是一个个孤立的遗址，而应是有机关联的群落，本质上就是一个整体。于是有学者提出了"良渚遗址群"的概念，即把这些遗址视为一个大遗址看待；通过分析众多遗址的不同功能，比如宫殿区、王陵、祭祀场所、手工作坊等，就会发现，这是一个国家社会的政治中心。换言之，良渚时期的社会形态已进入早期国家阶段，良渚遗址群正是这个古国的都邑。

2007年年初，葡萄畈遗址一段石块铺设的基础面引起发掘者注意。凭借这一线索，考古队沿着这个基础面进行追踪勘探，结果发现它是一个封闭的巨大城圈。它以东北角的雉山和西南角的凤山构成对角制高点，人工铺石堆土构建了圆角方形的城垣，而莫角山正好位于它的中央。后来通过遥感卫星图片又辨识出其外侧还有一圈外郭城。利用自然山体对称布局且有三重结构的良渚古城显然经过精心规划，加上其工程量巨大，完全符合都邑特征。作为良渚文化的核心遗址，良渚古城的考古工作很快被国家文物局列入中华文明探源工程子项目，并且逐渐成为最重要的支撑项目。

2000—2015年，通过遥感卫星图片分析和实地勘探验证，良渚古城西北部发现了11条人工坝体，构成高、低两级防水体系。这个水利系统后来被证明是与良渚古城配套的大型公共工程，具有防洪、运输、灌溉、调水等

良渚古城复原图

良渚水坝系统

复合功能。至此，一个史前时代的古国都邑被完整揭示，莫角山宫殿区、反山王陵、王家祭坛、三重城垣和复杂的水利系统，奠定了古国都邑的基本格局，而统一信仰下以玉器为载体的礼仪制度，则是良渚文化首创的社会管理模式。近几年在塘山以北发现了更多更复杂的坝体，可能是调节良渚古城内水利交通网络的配套设施。

回顾良渚遗址的考古历程，经由四代考古工作者的接续努力，大致走过了认知维度不断提升的三个阶段：1936—1986 年为第一阶段，发现良渚遗址，启动常态化考古，以单体散点遗址为特征；1987—2006 年为第二阶段，以大遗址视角认知良渚遗址群，确立良渚文化的中心地位；2007 年至今为第三阶段，发现良渚古城，揭示水利系统，开展宏观和微观的多学科综合研究。这一过程中，也陆续出版了一系列考古报告，它们为后来的申遗奠定了坚实的基础。

良渚遗址入选十大考古发现的次数也可谓空前，先后有反山、瑶山、汇观山、莫角山、良渚古城、良渚水利系统六项入选全国十大考古新发现。尤其是良渚水利系统入选"十大"后，评委严文明先生就说："良渚古城的十大发现以往已经评过很多了，如果是一般重要的遗址就不会再评给它了，但是良渚的水坝实在是太重要了。中国原来有大禹治水的传说，现在良渚水坝比它还早一千年，不评给它还评给谁呢？"

归纳起来，良渚文化具有以下文明要素：1. 成熟的稻作农业；2. 精湛的琢玉技术；3. 超凡的工程技术；4. 复杂的社会结构；5. 统一的宗教信仰和规范的礼仪制度；6. 完备的国家形态。这些要素足以构成"良渚文明"，它们为良渚申遗的价值提炼提供了充分依据。2013 年上海首届世界考古论坛期间，世界著名考古学泰斗科林·伦福儒先生在接受采访时说，"中国新石器时代是被远远低估的时代。良渚遗址出土的玉琮、玉璧带有明显的象征意义，表现出一种文化的交流和融合，是具有共同观念的文化联合体形成的标志，很大程度上反映了当时社会的复杂程度和阶级制度，已经达到了'国家'的标准，这就是中国文明的起源"。

二、保护让遗产再现生机

遗址发现之后就面临保护的问题。早在 1961 年，良渚遗址就被列入省级文物保护单位。1995 年，浙江省《良渚遗址群保护规划》，划定良渚遗址重点保护区、一般保护区、建设控制地带共计 33.8 平方千米的管控区域。

1996 年良渚遗址升格为全国重点文物保护单位。2001 年，良渚遗址被列入《中国"十五"期间大遗址保护展示专项计划》第一类第一号项目，同时设立高规格的杭州良渚遗址管理委员会，开始以文物特区的方式管理遗址区所在的村镇，并将良渚遗址保护范围调整为 42 平方千米。

2017 年，为配合申报世界文化遗产，外围水利系统也被列入省级文物保护单位。

良渚遗址的保护内容包括对遗址本体的巡查、监控，防止盗挖，也包括遗址区内的拆违与居民外迁，目的是让遗址保持或恢复原貌。这些纷繁的日常工作，主要由良渚遗址管理委员会下属的良渚遗址管理所和良渚遗址遗产监测管理中心来完成。

除了对遗址本体的保护和展示，事实上，遗址周边的地形地貌也是遗产价值的一部分。良渚遗址区北面的山脉曾经有大量石矿，开山炸石严重破坏了良渚遗址群的生态环境。从瓶窑到安溪再到德清，曾有 30 余家采石场在开山取石，大的年产量上百万吨，小的也有几十万吨，不仅破坏了遗址和生态，也造成了严重的环境污染。采石场的去留关乎乡民生计，为此，浙江省良渚遗址群保护领导小组做了大量的工作。从 2000 年开始，先关闭瑶山周围的五矿六点，其他石矿也在两年内被彻底关闭。

为了保证遗址的完整性，交通部门也做出了很多让步和牺牲。老 104 国道原本穿越莫角山中心遗址，为了完整保护良渚遗址，1997 年浙江省交通部门不惜花重金，对横穿莫角山遗址的 104 国道由扩建改为南移。2017 年 3 月，在商讨划定良渚申遗范围时，专家和主管部门一致建议把水坝纳入良渚申遗的遗产区。甚至有专家明确表示，水坝的意义高于古城，"光是一个良渚水

单个遗址外貌（坟龙里）

石矿复绿后的北部山脉

坝，就有资格申遗"。于是，又遇到了西复线绕行的问题。西复线是环绕杭州城的高速公路，在 2015 年的线路规划图上，这条公路直穿良渚古城外围水坝。为了整体保护水坝，省领导决定西移西复线，绕开外围水坝。为此政府又投入了很大一笔资金。

　　保护区内村民外迁妥善安置、建立"城市发展反哺遗产保护机制"……可以说，为了整体保护良渚遗址，各级各部门和群众都在大量的协商、沟通工作中付出了大量的心血。良渚遗址的保护是对文化遗产保护与当地经济社会发展矛盾解决途径的有益探索和成功实践，实现了遗址从"单体保护"到"整体保护"，"被动保护"到"主动保护"，"单纯保护"到"合理利用"，"文物部门单打独斗"到"政府社会群众协同参与"的转变过程。

三、展示让遗产活在当下

良渚遗址以规模宏大的城址、复杂的水利系统、分等级墓地及具有礼制象征的玉器，呈现了距今5 000年前长江下游环太湖地区一个区域性早期国家。

遵照"保护第一""最小干预""真实可逆"的理念，良渚古城遗址公园历经数年建设，于2019年申遗成功后正式对外开放。首先开放的是核心的城址区，随后是2021年开放的瑶山祭坛和贵族墓地，接着是2022年开放的代表良渚水利系统的老虎岭遗址，他们共同呈现了5 000年前的"王都"气象。

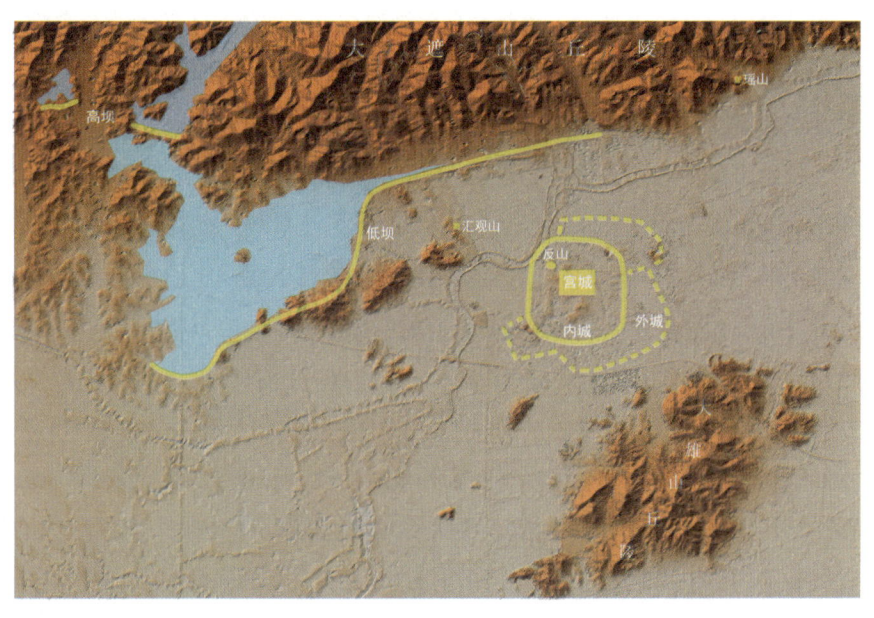

良渚古城布局图

古城铜质模型

　　良渚古城遗址公园以莫角山为中心，周围有一圈城墙，设八个水城门和一个陆城门。莫角山宫殿区东侧为高等级作坊区，西侧是王陵及贵族墓地；古城东北角有瑶山祭坛，西北部有大型水利设施，结构合理，功能完备，显然经过了精心的规划和设计。

　　莫角山是良渚王国的权力中枢。莫角山基础高台上又有大莫角山、小莫角山和乌龟山三个小土台，土台之间为宏大的沙土广场。大莫角山被认为是最主要的宫庙区，尚存七个大型建筑基址。如今在上面设立了一个巨型的铜质古城模型，观众可以在莫角山最高点看明白良渚古城的布局结构。而小莫角山立起了三组残立柱，观众可以想象一下 5 000 年前良渚宫殿建筑的辉煌。沙土广场坚固异常，由厚达 50 厘米以上的沙泥间隔夯土基础和 20 厘米的纯沙结面构成，宽阔的地表可以举行各种仪式活动，就像今天的天安门广场。沙土广场西部曾发现 32 个洞坑，可能是大型建筑留下的柱坑。其中较大的柱坑有 12 个，大致呈三排，作东西向排列，各排柱坑的间距约为 1.5 米。

　　莫角山东侧的钟家港是古城内的高端手工作坊区，在古河道两侧发现

小莫角山标识展示

钟家港石钺毛坯

模拟作坊场景

了大量石器和玉器的坯料、边角料、残件，也发现了陶器、漆器、骨器等精美文物。如今在遗址公园内的这一位置设置了玉器、陶器、漆器、骨器的模拟加工场景，还设置了建房、水井取水、打陀螺、腰机纺织、养猪等模拟场景，目的是让观众感受一下良渚工匠的生产方式和氛围。

古城西北侧是反山王陵。反山王陵发现于1986年，共清理贵族墓葬11座，呈两排分布，位于南排居中编号为M12的是最重要的一座墓。M12墓坑虽然不是最大，但出土的玉器数量最多（以单件计达600多件），品质最

反山墓坑复原

琮王 钺王

神徽

好，种类也很丰富，纹饰极为精美。最重要的是出土了琮王和钺王。琮王位于墓主头骨枕部，体量巨大，重达6.5千克，规整的方体外表各有一个竖向宽槽，每个槽内雕琢了两个完整神徽。神徽以浅浮雕和微雕式阴刻技法，雕琢出一个头戴羽冠的神人驾驭巨眼宽嘴的怪兽，显示良渚先民的祖神具有人性与兽性糅合的形象特征。豪华玉钺匀薄且硕大，两面的一角都雕琢了完整神徽，旁边还有一只神鸟。完整的神徽像是良渚神灵的至尊形象，在良渚文化玉器中极为罕见却大部分见于反山M12玉器中；表明墓主人的地位极为显赫，很可能是开国之王，也是政教合一之王。反山展示馆将发掘探坑抬升后等比例还原，不仅复建了成排的墓坑，还对墓坑内的随葬品进行了仿真复原。此外还在附近设立了解读展厅，系统介绍反山贵族墓地的发掘过程、主要成果和背景信息。

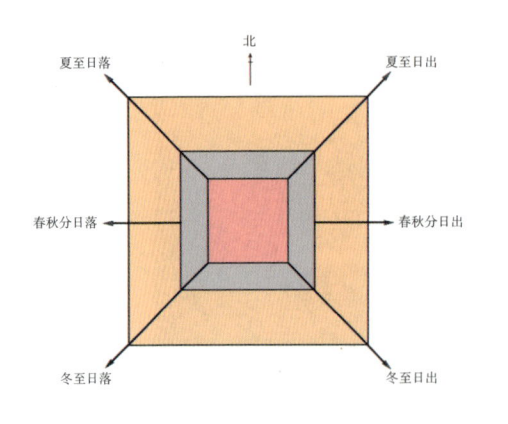

祭坛观象图

瑶山景区

南城墙铺垫石

古城水系图

　　良渚古城的东北角和西北角分别有瑶山和汇观山两座祭坛。瑶山祭坛除了祭祖敬神，据观察还有观象授时功能，即冬至日、夏至日的太阳日出和日落，与四角所指的方向具有对应关系，而春分、秋分的太阳日出和日落，与中间的东西方向具有对应关系。汇观山祭坛与瑶山祭坛结构酷似，也是方形台面上分成三重结构，只不过它开凿于汇观山山顶，面积要比瑶山大，东西两侧还有排水沟。遗址公园瑶山祭坛及墓地展示点，通过覆土抬升后原址复

234

水门

建的方式，呈现方形祭坛和两排大墓墓坑。周围是群山环抱的空旷草坪，观众伫立其间，可感受庄重肃穆的氛围和气场。西侧的凤凰山顶部建有观景台，可以俯瞰瑶山祭坛及墓地的全景，对其选址和布局结构可以有更深的理解。

良渚古城的城墙平均宽度约50米，高约4米，坡面较缓。城墙底部铺有垫石，上部堆积黄土，局部有夯土迹象。城墙两侧大部分有壕沟。每边城墙各有两个水城门，四边共有八个水城门。南城墙另有一个陆城门。遗址公园内设立了西城墙和南城墙两个展示点，用大棚将解剖的一段城墙基础垫石和堆筑土切面做了原貌展示，真实反映了城墙营建的规模和结构。城内的交通主要靠水路，八个水城门通过壕沟联通城内工字形的主要水路，遗址公园内还原了部分水系，并将南城墙东边的水城门以立柱的方式做了标示，以此让游客想象昔日良渚人舟楫穿梭的繁华景象。

良渚水利系统有高低两级坝体构成，均利用自然山体的豁口人工堆建

老虎岭坝区

草裹泥标本

老虎岭景区场景

坝体。高坝主要建在山与山之间的谷口，有六段人工坝体，可形成两个山谷间的库区；低坝把平原上的孤丘连接起来，它围护的地方是一片巨大的低洼地，可形成面积达九平方千米的二级库区。水坝的核心技术是基础部分铺设草裹泥，这种用荻草包裹泥土捆扎而成的草裹泥，类似现代抗洪抢险时的编织沙包，具有防渗水的作用，制作、存放、运输、铺设都很方便，是良渚先民的重大发明。中国水利史的源头通常从大禹治水说起，距今4 000多年。良渚水坝的发现改写了水利史，它比大禹治水早了约1 000年，是同时期世界上规模最大的水坝系统，堪称"世界第一坝"。老虎岭水坝是良渚水利系统高坝链条中保存最好的一段，考古揭示的水坝剖面被一个椭圆形的隔热玻璃保护罩包裹，远看像一颗水滴。里面安装有土壤温湿度探头，随时检测并

良渚博物院外景与内景

　　使里面的温度和湿度维持在一定范围之内。剖面上的炭化草裹泥痕迹，经过化学保护处理也显得十分清晰。

　　遗址公园通常有配套的博物馆，良渚博物院是良渚古城遗址公园的有机组成部分。2018年升级开放的良渚博物院是一座现代化的良渚文化专题类考古博物馆。三个主展厅的标题分别为"水乡泽国""文明圣地"和"玉魂国魄"。"水乡泽国"反映良渚文化分布所在的环太湖流域历史环境、考古历程，良渚文化的前世今生，良渚先民的衣食住行，以及各类物质遗存。"文明圣地"以沙盘模型的方式重点展示良渚古城的布局、结构和功能，包括古城外围的大型水利系统、瑶山祭坛及普通聚落。"玉魂国魄"展示良渚文明的精髓，即等级社会、礼仪制度、信仰符号和玉器的内涵。良渚博物院重构了成熟发达的良渚文明，全面、立体、真实地展现了良渚遗址和良渚文化的考古成果及遗产价值，体现了良渚文明在中华文明"多元一体"历史发展进程中的重要地位和独特贡献。

至 2023 年，良渚古城遗址公园中为申报世界文化遗产所划定的三个功能区——古城、瑶山祭坛、水坝都有了遗址本体的展示点，加上良渚博物院，良渚古城遗址已形成完整的遗址公园展示体系。

四、申遗让良渚凸显价值

良渚申遗走过了 20 多个年头，经历了由缓行、加速到冲刺的过程。确实，由于每年申遗的数量很多而名额有限，申遗的难度越来越大。联合国教科文组织制定的《世界遗产公约》及其《操作指南》对申遗的基本要求是，具有"突出普遍价值"，无论是自然还是文化方面的世界遗产，都需要有全人类意义上独特而与众不同的突出普遍价值。为此，《操作指南》列出了三个条件：一是要符合标准，其中文化遗产有六条标准选项，它们是：标准 i. 代表一种独特的艺术成就，一种创造性的天才杰作；标准 ii. 能在一定时期内或世界某一文化区域内，对建筑艺术、纪念物艺术、城镇规划或景观设计方面的发展产生过大的影响；标准 iii. 能为一种已消逝的文明或文化传统提供一种独特的至少是特殊的见证；标准 iv. 可作为一种建筑或建筑群或景观的杰出范例，展示出人类历史上一个（或几个）重要阶段；标准 v. 可作为传统的人类居住地或使用地的杰出范例，代表一种（或几种）文化，尤其在不可逆转之变化的影响下变得易于损坏；标准 vi. 与具特殊普遍意义的事件或现行传统或思想或信仰或文学艺术作品有直接或实质的联系（只有在某些特殊情况下或该项标准与其他标准一起作用时，此款才能成为列入《世界遗产名录》的理由）。只要符合其中任何一条，就有资格申报世界遗产，可将此视为前置条件。二是完整性和真实性，申报的遗产必须是完整、可靠、真实的，不能把后世复建或仿造的用来申报世界遗产。三是保护管理的有效性，这个遗产即使真实且完整，如果管理和保护不到位，也不能成为世界遗产。可以说，以上三个方面共同支撑起世界遗产的"突出普遍价值"。

1994年、2006年、2012年，良渚遗址曾连续三次列入申遗预备清单，但因申遗的范围还无法确定，申遗条件还远未成熟，因而申遗的步伐也一缓再缓。

2012年，良渚遗址管理委员会设立正处级的"申遗处"，磨合了13年的《良渚遗址保护总体规划（2008—2025）》也终于获得通过。

2016年6月13日发生了一起改变良渚申遗命运的事件，这一天宿白、谢辰生、黄景略、张忠培四位八九十岁高龄的老一辈考古学家联名给习近平总书记写信，希望促成良渚遗址这处中华5 000年文明的代表性遗址早日申报为世界文化遗产。由此，良渚遗址正式被纳入申遗赛道。

2017年，良渚遗址管理委员会邀请国际古迹遗址理事会三位世界遗产评估专家到良渚遗址现场考察，并围绕良渚古城遗址的考古研究、突出普遍价值、申遗文本完善、遗址环境整治、遗产现场展示等策略、技术问题，与申遗相关人员进行了专题讨论，为良渚申遗指明了方向。国际古迹遗址理事会印度国家委员会副主席、良渚古城遗址申遗项目现场评估专家莉玛·胡贾女士，对良渚遗址的考古研究、保护规划、利益相关者参与等给予高度评价，尤其对良渚水资源管理系统感到特别惊讶、特别震撼，认为古代良渚的水资源管理系统规模是世界最大的，功能是世界最多的，也是最了不起的。她建议把这一考古遗址列入申遗内容，因为它会极大地增加良渚遗址的突出普遍价值。这一建议很快被采纳，但也给地方政府和申遗团队增加了巨大的工作量。

经过马不停蹄的高强度编制，2018年1月，良渚古城遗址的申遗文本正

良渚申遗文本

式递交。这份申遗文本历时五年准备，总页数5 330页，200多万字，共20件资料，囊括了正本、附件材料、大比例尺地图和光盘。世界文化遗产评估机构国际古迹遗址理事会主席河野俊行见到这套文本时特别惊讶，认为其规范和翔实程度堪称"申遗文本的典范"。2018年9月，国际古迹遗址理事会派出匿名专家到现场考察评估，评估专家恰巧又是莉玛·胡贾。由于她在2017年考察过良渚遗址，对良渚古城及遗址所在地的情况已有一定了解。在听取汇报和现场考察后，她表示十分满意，罕见地表示"没有什么需要特别提问的问题"，并主动提出要做一场专题学术报告。临行前她写下一段话："我能想到的，你们都做到了；每个遗址展示的方式都不同，我觉得很好；你们在文本中写到的，都做到了。"很显然，莉玛·胡贾女士给良渚申遗打了高分。2018年11月，申遗团队赴法国巴黎现场答疑，由于准备充分，整个过程也很顺利。2019年5月，国际古迹遗址理事会做出综合评估意见，推荐良渚古城遗址列入世界文化遗产。同年7月，在阿塞拜疆共和国首都巴库举行的第四十三届世界遗产大会，迎来了本届世界遗产评审的最终环节。没想到，会上各委员国的专家对良渚遗址均给予了高度评价，表示没有任何异议，因此得以顺利地全票通过。

表面看起来，良渚申遗到后来越来越顺，其实背后是很多人的艰辛付出。从社会层面看，良渚在杭州城区北侧20千米的地方，是经济高度发达的地区，也是居民高度集聚的区域，大范围的保护和申遗工作，压力和难度可想而知。申遗过程也是地方领导、群众协调处理良渚遗址保护和经济开发、社会发展之间矛盾的过程。良渚遗址管理委员会（申遗指挥部）的干部职工，作为申遗的责任主体，更是近三年放弃假日，心无旁骛、风雨兼程，克服了种种困难，尝尽了酸甜苦辣，真正做到了"五加二""白加黑"。用申遗领导小组成员陈寿田的话来说，申遗其实是一个技术活，对标的是国际游戏规则，考验的是情商、智商、智慧和策略，中间充满路径、技术的选择。正是背后无数人的辛勤付出与精细考量，良渚的申遗工作才能越来越顺，国家文物局世界遗产司对良渚申遗的扎实工作也表示十分满意。

良渚古城之所以值得申遗，是因为5 000年前这里是良渚文化的中心、良渚古国的都邑、良渚文明的圣地；是因为时至今日良渚文化的物质精华、良渚古国的地标轮廓、良渚文明的主要载体依然大量保存；是因为经过几代考古人的努力，良渚地区的古文化、古国、古文明得到了持久而深入的揭示；是因为各级政府已意识到良渚文明的弥足珍贵、其传承发扬是职责所系；是因为当地民众对保护良渚遗址已形成共识并引以为傲。良渚的申遗成功，向全球展示了真实的古代中国和成熟灿烂的东方古代文明。作为世界古代文明的东方代表，良渚遗址为中国赢得了全球的尊敬和赞誉。良渚的申遗成功也给其他遗址类遗产地树立了一个榜样，考古的良渚叙事，保护的良渚模式，展示的良渚效果，申遗的良渚经验，为各遗产地管理者提供了多种宝贵的启示。

景迈山

全球首个茶主题世界遗产

辛 欣

景迈山古茶林遗产价值阐释与展示规划负责人

2023

"茶之为饮，发乎神农氏，闻于鲁周公"。

——陆羽《茶经》

> **景迈山古茶林**
> 列入时间：2023年
> 列入标准：(iii)(v)
> 遗产分布：云南省普洱市澜沧拉祜族自治县

中国是最早认识并利用茶的国家，有着广大的茶产区，丰富的茶树品种、茶叶品类，以及悠久而多样的茶文化。茶已深深融入中国人的日常生活，成为中华优秀传统文化的重要载体。许多历史名茶的核心产区传承至今，被赋予了文物保护单位、农业文化遗产等身份。而在众多的历史茶园中，为何景迈山古茶林能够脱颖而出，成为全球首个列入《世界遗产名录》的茶主题文化遗产呢？

一、山共林，林生茶，茶绕村

按照植物学分类系统，茶树属于山茶科、山茶属、茶组。学界普遍认为中国西南及临近地区是茶组植物的地理起源中心[1]。尽管迄今还没有发现野生茶树的祖先，但是栽培型茶树也起源于中国西南地区的观点得到了较高程度的认同[2]。在漫长的历史进程中，积累了丰富遗传多样性的茶组植物从地理起源中心向四周自然扩散。伴随着传播路径上不同地理气候条件下的自然选择，以及自然和人为的杂交，茶组植物最终演化形成了如今种类繁多的栽培型茶树，呈现出各具特色的形态特征、生理特性和茶叶风味。

茶组植物的一条传播路径是沿红河、澜沧江、怒江水系，向横断山脉纵深扩散。这里属南亚热带常绿阔叶林区，有着低纬度高海拔形成的长光照、

---

[1] 根据国际植物学经典期刊《植物杂志》(The Plant Journal) 2022 年 5 月发表的安徽农业大学茶树生物学与利用国家重点实验室夏恩华教授团队研究论文，山茶属植物分化可能发生在1 430 万年前，茶组植物可能起源于667 万年前。

[2] 通常情况下，栽培植物的起源往往在其野生种的分布区内。近年来，安徽农业大学茶树生物学与资源利用国家重点实验室宛晓春和韦朝领教授研究团队对国内外代表性茶树样品进行基因测序，其研究结果支持了我国栽培茶树的西南起源学说。

高湿、高积温的环境条件，各种茶组植物可以在不同海拔段充分繁衍，逐渐发展成为以大理茶、普洱茶（阿萨姆茶）、老黑茶等为主体的茶组植物次生中心。这里也是中国野生型大茶树数量最多、树体最高大的地区。普洱景迈山古茶林就位于澜沧江与怒江水系之间。

10世纪左右，布朗族[3]先民于迁徙途中在景迈山的原始森林里发现了野生茶树，开始进行人工驯化、栽培，并在这里定居。基于对茶树生长习性的认识，他们在原始森林中采集野生茶树茶籽育苗并种植，采取间伐高大乔木的方式为茶树营造适宜的生长环境，驯化培育出喜高温高湿、耐酸耐阴的乔木型大叶种茶树。这些茶树基本未经过人工矮化，叶片大，芽叶肥壮、多毛，表现出较为典型的普洱茶（阿萨姆茶）特征，行业内称为"云南大叶种茶"，适宜制作作为茶叶产品的普洱茶[4]。

千余年来，布朗族和后续到来的傣族等世居民族一起，采用独特的林下茶种植方式，在景迈山开发、维护了1 180公顷、五大片古茶林；结合自然地形在茶林周围保留了三片防护林，最大程度地减少古茶林遭受大风、霜冻和病虫害的威胁；同时也巧妙地利用自然环境，在茶林中建造发展出适应种茶制茶的生产生活方式、体现民族特色和地域特色的九个传统村落。随着茶产业和社会经济的发展，茶林外围开辟了生态茶园、少量的耕地、经济林地和其他村寨，它们作为古茶林所依托的生态环境和村落的生产生活环境，与古茶林、森林、传统村落及以"茶"为核心的文化传统一起，共同构成了有机演进的茶文化景观遗产。虽然景迈山的土地利用方式随着生产技术的进步、生活方式的改变和社会经济的发展有了一定的变化，但"山共林、林生茶、茶绕村"的景观结构延续至今。

---

［3］布朗族是中国西南地区最早掌握茶树种植栽培技术的土著民族之一。
［4］按照GB/T 22111—2008《地理标志产品 普洱茶》，普洱茶是指以地理标志保护范围内的云南大叶种晒青茶为原料，并在地理标志保护范围内采用特定的加工工艺制成，具有独特品质特征的茶叶。当然，"云南大叶种茶"也可以制作绿茶、红茶、白茶。

景迈山云海

茶山：高山云雾出好茶

冬日的清晨，景迈山笼罩在漫漫云海之中。直至午后，云雾逐渐散去，茶山显现真容。

景迈山是遗产区山脉的总称，属横断山系怒山余脉临沧大雪山南支，山势呈西北—东南走向，西北高而东南低，具体包括东北部近东西走向的白象山，西北部西北—东南走向的糯岗山，以及南部近南北走向的芒景山。海拔最高的糯岗山约1 662米，海拔最低处在南朗河与南门河交汇处，约1 100米。南朗河及其支流南门河属于澜沧江水系，可以供应丰富的水源，也为云雾的生成提供了有利条件。景迈山平均雾天140天，轻雾天114天，其中冬季占全年雾天的85%，在山上经常可以观赏到壮阔的云海景象。所谓"高山云雾出好茶"，景迈山的海拔高度、地形、气候和土壤条件（属赤红土壤一大类）都非常适宜茶树的生长。

芒景上下寨-芒洪古茶林

　　景迈山原本是一片原始森林。布朗族、傣族先民在森林中开垦茶林，并将他们所定居的山视为神山[5]。千百年的生产生活实践让他们形成尊重并爱护自然的价值观，海拔1 550米以上的山顶和海拔1 100—1 400米的古茶林外围都保留了森林，禁止人为砍伐，也不可在其中栽种茶树。这些森林发挥着涵养水源、保持生物多样性、避免因大规模连片开发而引起低温冻伤、虫害传染等自然灾害的功能，是确保古茶林得以持续传承的自然基底。

茶林：既是森林也是茶园

　　漫步茶林间，鸟叫虫鸣，一缕缕阳光穿过重重叠叠的枝叶照射进来，抚过茶树的嫩芽，洒落在翠绿的草地上。

---

[5]　布朗族定居芒景山，傣族定居白象山、糯岗山。

景迈山现存的五片古茶林主要分布在海拔 1 140—1 600 米，包括北部依托白象山和糯岗山的芒埂-勐本古茶林、景迈大寨古茶林、糯岗古茶林和南部集中在芒景山周围的芒景上下寨-芒洪古茶林，以及翁基-翁洼古茶林。与国内外大部分栽培型茶园不同，景迈山的世居民族为了适应山区生态系统和亚热带季风气候的特点，采用传统林下茶的种植方式，适量伐除部分高大乔木，使茶树与高大常绿阔叶林木交错生长，茶林呈现出乔木层—灌木层（茶树主要分布层）—草本层的立体群落结构。这种结构巧妙地分配了不同高度层植物的光照和养分，为大叶茶提供了适宜其生长的小环境，同时也保持了与天然林十分相似的、丰富的生物多样性。

除了 1 500 种当地原生种子植物外，古茶林内还有很多国家保护动物，特别是一些鸟类和昆虫。鸟类可以防治病虫害，昆虫则帮助古茶树和其他植物传授花粉。无需施肥，自然落叶和草本层即可为茶树提供营养。景迈山世居民族还会根据代代相传的种植经验，特别栽植桂花树、多依树、樟脑树

峰神树

等。这些树种特有的香味会传递给茶叶，使茶叶具有不同的天然香气。

  由于栽培型茶树在一定树龄以后（约 100 年）会逐步进入低产期和衰亡期，因此茶林实际上处于持续更新演替的动态过程中。景迈山古茶林百年以上的茶树占 10% 左右，其中年龄最大的茶树出现在芒洪后山和景迈大寨古茶林，树龄超过 300 年。古茶树上通常还会生长一些附生、寄生植物，如螃蟹脚、石斛等。它们也成为判断茶树树龄的标志之一。

茶村：家家户户茶飘香

布朗山寨春夜[6]

晚霞映照山寨，

采茶姑娘满载归，

木楼顶上座座起炊烟，

家家户户炒茶忙，

月光下揉茶又抒情，

晚风吹来茶飘香。

  景迈山世居民族的村寨选址于茶林之中，依山势而建。景迈大寨、勐本和芒埂分布在坡度较缓、靠近南朗河的白象山北麓，糯岗位于糯岗山下的山洼里，他们都是傣族村寨，属于景迈行政村。芒景上寨、芒景下寨、芒洪、翁基、翁洼五个布朗族村寨背依哎冷山，面向南门河，围绕神山向心布局，属于芒景行政村。不同的用地条件和民族文化使得布朗族、傣族村落的选址和布局既有共性，也有各自不同的特点，其中翁基和糯岗分别是它们的典型代表。

  寨门、寨心、竜林/风水林等是傣族和布朗族村落都会具备的要素。建寨前首先要确定寨门和寨心。寨门并不一定是建筑（构）物，也有可能是一

---

[6]　景迈山布朗族民歌。

景迈山

糯岗老寨

翁基寨

棵树或一块石头。在村民的观念里，寨门所标示的就是村寨的边界，寨门以内是人们生活的区域。村寨边缘还通常种植有榕树、柏树等，作为村寨的守护神。寨心被看作是神山的山心在村寨中的化身，当地村民会在此祭祀寨神。对于傣族来说，寨心是村落建设的起点和中心，建筑围绕单一寨心呈圈层平面向外发展，布局较为紧凑；而布朗族会根据寨子的规模大小，设一至三个寨心，民居围绕寨心沿等高线布局，分别形成团组，布局较为松散。龙林（傣族）或风水林（布朗族）一般在距离村寨不远处，是固定且永远不能改变的坟山。村民一般不随意进入，不在其内种植粮食、不砍伐、不开采、不种茶。有些村寨内还会有墓、井等见证村落历史的遗存遗迹。

景迈山傣族、布朗族均信仰南传上座部佛教，所以规模较大的村寨会建佛寺、佛塔。不过因为他们信仰南传佛教的先后不同，傣族更早，因此每个傣族寨子都有佛寺，一般选择在村寨中心地势较高的台地上建设，成为村民的精神信仰中心。而布朗族是受傣族文化影响才逐渐接受了南传佛教，并非每个寨子都有佛寺，且佛寺选址一般在村寨之外。

傣族、布朗族在景迈山长期定居的过程中，不断进行文化交流和融合，因而他们的民居建筑样式也比较接近，都是适应地形和气候条件的独栋干栏

傣族（芒埂）和布朗族（翁基）村寨平面布局对比

翁基寨心　　　　　　芒景上寨公主榕寨门

式木构建筑，在功能布局上体现出围绕"茶"展开的生产生活方式及他们的民俗信仰。民居建筑的干栏层架空，过去主要用于杂物储藏和牲畜饲养，随着需求的变化，现在村民大多都利用底层作为制茶、饮茶的空间。二层室内分为堂屋和卧室，堂屋内设火塘，并且设置神柱；神柱禁止外人触碰，柱上设祭坛；每天早上供上米饭、茶叶、蜂蜡等祭品，这是景迈山原住民原始宗教信仰的体现。二层的一侧设掌台，它是由前廊连接的露空方形平台，用于洗涤、晾晒、歇息、交往等。屋顶是最能直观分辨傣族和布朗族民居的部位。傣族传统民居的屋顶多为重檐，屋脊两端以黄牛角为装饰符号，檐下有金色的孔雀（尾）装饰。布朗族民居则大多是单檐，屋脊两端装饰"一芽两叶"，突出了布朗族人对茶的感激与敬畏之情，正脊上有时还会设置一排木或竹质的"箭头"，用以辟邪。因为掌台的晾晒空间有限，村民们会单独搭建晒茶棚，底层架空，以木为柱、竹条为顶棚骨架，楼面铺木板或竹席，这是以茶为生的景迈山人不可缺少的生产设施。

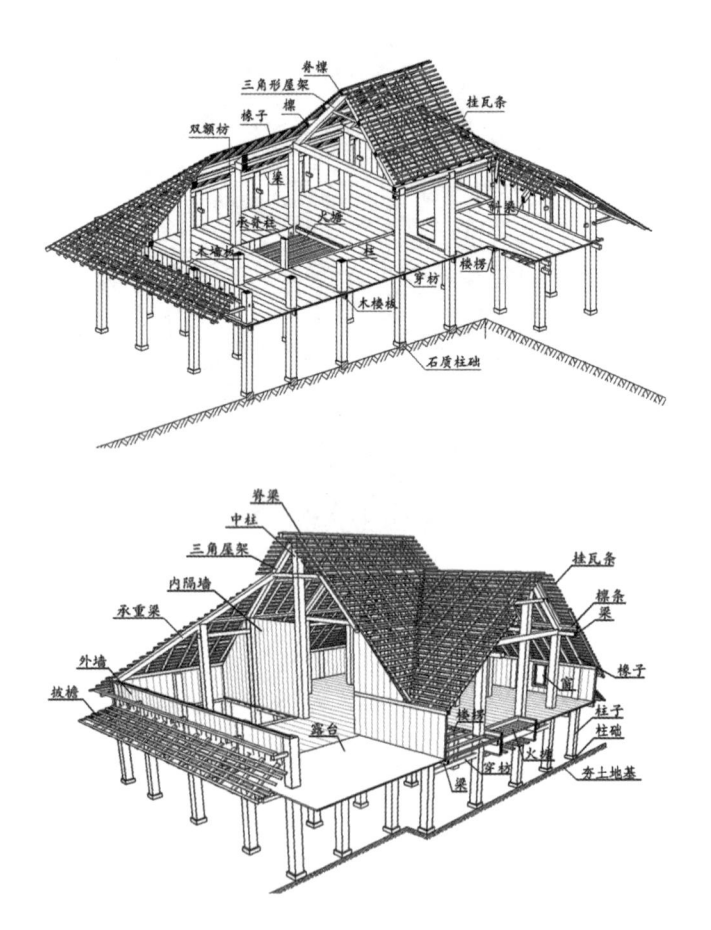

布朗族和傣族传统民居结构轴测图

    随着对生活舒适度和采光要求的不断提高，近几十年来，传统民居出现抬高层高，二层围板开设窗户，屋顶坡度趋缓等变化。不过，虽然建筑外观形式随着时代发展而演变，但因"茶"而塑造的人与建筑、村寨之间的相互关系依然保持着。

    除了九处列入遗产核心要素的传统村落外，遗产区和缓冲区内还有汉族、哈尼族和佤族村庄。这些民族较晚才来到景迈山，所以他们的村寨周边没有古茶林，聚落随山就势，布局较为自由，另有各自的特色。

布朗族和傣族传统民居屋脊装饰

二、人养茶，茶育人

在漫长的发展过程中，景迈山世居民族对茶的认识、利用与民族历史、精神信仰、生活习惯交织融合，塑造了他们的性格和价值观，让他们深谙尊重自然、顺应自然、保护自然的生态文明理念，也形成了丰富多彩、特色鲜明的茶文化。人茶相依，和谐共荣。

茶与信仰："像爱护眼睛一样爱护茶树"

发现茶叶的布朗族首领帕哎冷曾在临终前留下遗训："我要给你们留下牛马，怕遇到灾难死掉；要给你们留下金银财宝，也怕你们吃光用完；所以只给你们留下茶树，让子孙后代取用不尽"，告诉后人要像"爱护眼睛一样爱护茶树"。为了感恩带领他们栽种茶树的先人，景迈山世居民族把他们奉为"茶祖"，制定了一系列乡规民约，将古茶林作为自身生命的一部分来爱护、继承和发展。森林、古茶林之中有许多与信仰活动相关的场所，这是种

253

茶人与祖先、与自然的联结。

布朗族先民为了纪念帕哎冷，将他们的神山芒景山称为"哎冷山"，帕哎冷则被尊为茶祖。祭祀茶祖帕哎冷的茶魂台即位于海拔1 580米的哎冷山之巅、神林之中。布朗族人会定期在这里举行祭祀山神和茶神的活动，男女老少盛装出席，敬上祭品，倾听经文，对赋予他们生命和希望的古老茶山顶礼膜拜，之后击鼓起舞，以示庆贺。同样的，傣族也有自己的神山和茶祖。他们有两棵"大茶神"，一棵在"丙弓笼"，传说是傣族茶祖召糯腊发现茶叶后栽下的第一棵茶树，代表傣族古茶林里所有茶树中的男性。另一棵在

茶魂台

祭祀茶祖活动

"丙弓拐",是由茶母南应腊栽下的第一棵茶树,代表傣族古茶林里所有茶树中的女性。虽然这两棵树已经不在了,傣族村民还是会在原址祭祀茶神。

茶祖庇佑着各自民族的茶山,而茶王树或茶魂树则代表茶祖来守护一方茶园。通常傣族村民会在自己的茶林中选择一棵最大的茶树作为"茶王树"。而在布朗族的茶林中,如果看到一棵茶树旁边栽了一棵仙人掌和一棵鸡蛋花树,茶树树根附近又插着木桩,还有一个用竹子制作的小供篮,那就说明这块茶地是有主人的,这棵茶树就是"茶魂树",它在监督着进入茶园的人们,不得乱砍乱伐,不得随意采摘茶叶。每当春茶开采前,村民们要先为茶王树/茶魂树献礼、磕头,然后由长者采下茶王树/茶魂树的第一把鲜叶,之后才能正式采摘其他茶树上的茶叶。

独特的茶祖崇拜、每片茶林中的茶王树/茶魂树祭祀,都在向世居民族灌输爱护自然、爱护茶林的价值观。正是这种朴素的自然生态伦理观念,让景迈山人一直保持着对古茶林的敬畏与珍惜,让古茶林历经千年仍保有勃勃生机。

布朗族茶魂树

用茶习俗：不可一日无茶

　　景迈山世居民族在长期与茶为伴的生产生活中，创造了极具地域和民族特色的茶文化，不仅贯穿在茶的栽培种植、生产制作、贸易运输、消费品鉴等各个环节，也渗透到村民日常生活的方方面面。

　　以茶为药。相传，布朗族首领帕哎冷在南迁途中率先发现了茶的药用价值，用它拯救了被疾病困扰的布朗族族民，因而把茶看作是拯救族人生命的神树，最终选择定居到拥有大量野生茶树的景迈山。直到现在，景迈山的世居民族还会把茶作为治疗身体不适的良药，比如肠胃不适可饮明子茶、感冒咳嗽服用糊米茶、消化不良用口嚼茶等。

　　以茶为食。随着布朗族、傣族对茶的认识加深，开始把它当作一种食物。最初野生茶被当作野菜或佐料食用，称为吃"得责"。这种习俗至今还在沿用。景迈山的村民上山劳作时，会带上冷饭、腌菜、辣椒和盐巴，吃饭时直接摘一把生茶，蘸上盐巴和辣椒食用，不仅饱腹，还可以消除疲劳。另外还有吃酸茶、吃喃咪茶的食茶方式。

以茶为饮。景迈山世居民族传统的制茶方式很简单，采摘鲜叶用手搓揉，去涩味，再晒干或用火烘干即可。随着茶叶生产的市场化，传统普洱茶的加工方式演变为七个步骤：采摘鲜叶—萎凋（鲜叶摊凉）—杀青—揉捻—晒青—渥堆（普洱生茶无此步骤）—蒸压与干燥。过程中又有手工制茶和机器制茶两种方式。在景迈山得天独厚的自然条件和生态环境的滋养下，景迈山古茶树制成的普洱茶有浓郁的、持久的兰香、蜜香，这种特有的茶香被称为"景迈香"。除了普洱茶外，傣族、布朗族还有特色的制茶方式，如酸茶（将鲜叶煮熟，加上盐、辣椒、姜等配料搅拌、混合后密封，放置发酵至发酸）、竹筒茶（将清毛茶放入竹筒内，在火塘中边烤边捣压，直到竹筒内的茶叶装满并烤干）等。

以茶为媒。在景迈山，茶叶是景迈山与外界交往的"货币"和商品，也是亲友、主客、情人间表达心意、传递感情的信物，还是宗教和信仰活动上供奉神灵、沟通天地的祭品。茶不仅承担着物质上的功能，也是精神文化的载体，在世居民族的宗教信仰、社会生活中起着重要的作用。

布朗族烤茶

三、人地和谐互动的茶文化景观

> 普洱景迈山古茶林文化景观位于中国西南部的云南省普洱市惠民镇。这一有机演进的文化景观由景迈山上的古茶树、茶林、森林和传统村落组成。这一土地利用系统是布朗族和傣族民众遵循始于10世纪的实践，历经千年而形成的。古茶树的传统林下茶种植方式是一种适应山区生态系统和亚热带季风气候特殊条件的方法，并与当地社区所维护的管理体系相结合。这种文化传统的核心是与茶祖信仰有关的传统仪式和节庆活动，人们相信茶树有灵、自然有灵。

这是世界遗产中心官方网站上对景迈山古茶林的描述。它很好地概括了这处遗产所符合的第 iii 条和第 v 条突出普遍价值标准。

普洱景迈山古茶林能为传统的林下茶种植方式提供特殊的见证，符合标准 iii：能为延续至今或业已消逝的文明或文化传统提供独特的或至少是特殊的见证。在千余年的发展过程中，世居民族所信奉的万物有灵、南传佛教和茶祖信仰及他们遵循的社会治理体系，塑造了他们的自然生态伦理观念和价值观，构建了一套以茶为核心的传统知识体系。这些与当地自然环境相契合的信仰和习俗，保护了景迈山的文化和生态多样性，使得古茶林得以传承至今。

景迈山古茶山还符合标准 v：是传统人类居住地、土地利用或海洋开发的杰出范例，代表一种（或几种）文化或人类与环境的相互作用，特别是当它面临不可逆变化的影响而变得脆弱。遗产地在平面上呈现出村落—茶林—森林的空间依存关系，在不同海拔高度上体现出神山、水源林—森林、茶林、村落、生态茶园、旱地、水田、河流的土地垂直利用模式。两者相结合，形塑了景迈山"山共林、林生茶、茶绕村"的景观结构。因地制宜的土地利用模式和村寨建设技术使景迈山成为可持续土地利用的杰出范例。

普洱景迈山古茶林文化景观是茶树及其生长习性、当地的自然生态环境、生产力发展水平、世居民族的生态智慧和精神信仰相互影响的结果，是生活在这里的人与自然和谐互动的具体实践，见证了中国西南世居民族悠久的茶种植历史，和极富地域及民族特色的茶文化。林茶共生、人地和谐、有机演进的景迈山是全球茶文化景观中独特、珍稀的代表。

四、从普洱茶产地到世界文化遗产

复兴文化，重塑茶魂

大家都知道景迈山的申遗工作是在 2010 年正式启动的，但其实古茶林和民族文化的保护与传承早在 21 世纪初就揭开了序幕。

随着社会经济的发展，景迈山世居民族世代流传下来的乡规民约和宗教信仰，在当代有过短时间的削弱或中断。受到经济利益的驱使，为了提高普洱茶产量，20 世纪 60 年代起，村民开始试种密植高产的台地茶，20 世纪 90 年代之后，台地茶得到了大规模推广。虽然台地茶产量高且便于管理和采摘，但是它林相单一，茶树易遭受病虫害侵袭。而且在台地茶园中，茶农会使用农药治虫，严重影响了茶叶质量，对森林环境和古茶林也会带来不利影响。

作为景迈山布朗族最后一代部落头人的后代，苏国文从小便浸润在祖辈和父辈传承下来的精神文化之中。2004 年，他从教师岗位退休回乡，看到景迈山上原先守护、爱护古茶林的传统和信仰受到各种现代文化的冲击，岌岌可危。他痛心不已，于是身体力行，投入布朗族传统文化的保护和传承之中。他各处搜集遗失的历史资料，重新抄录，传授给当地的布朗族群众；他走村串寨，不遗余力地倡导村民保护古茶树和茶林；他编写完成了《芒景布朗族简史》等多本著作，记录下珍贵的民族历史文化；还获得族人和村民委员会的支持，重建帕哎冷寺作为弘扬布朗族茶文化、民族文化的重要场所。在苏国文的带动下，"山康茶祖节""开门节""关门节"等传统节日在 2006 年得以恢复，茶祖的遗训重新响彻布朗族人的心间。傣族也加紧踏上了文化复兴的道路。传统的古茶林保护理念被总结为一系列更为详细的管理制度，各项保护机制逐步建立起来。

与此同时，当地政府积极引导对台地茶进行生态改造。他们借鉴传统林下茶种植经验，在台地茶园内纵横交错地种植高大乔木为茶树遮阴，树种多选用香樟、松、杉、千丈、岩桂、樱花及果树等，茶树下种牧草或其他作物，有效改善了台地茶园单一的林相，逐步丰富了生物多样性，形成与古茶林类似的生态系统。

社区民众和政府的共同努力，留住了绿水青山，守住了千年茶园，坚定了文化自信，奠定了景迈山申遗工作的重要基础。

多方合力，共推漫漫申遗路

2010年，时任国家文物局局长单霁翔在一次研讨会上看到了景迈山古茶林的照片，被深深震撼。随后，时任国际古迹遗址理事会副主席郭旃到景迈山考察后，对景迈山古茶林的价值高度肯定。自此，景迈山古茶林的申遗工作正式启动。来自北京大学、清华大学等知名高校的专业团队受邀开展景迈山古茶林的价值研究和相关申报材料的编制工作。2012年，联合国粮食及农业组织确定中国"云南普洱古茶园与茶文化系统"为全球重要农业文化遗产。同年，国家文物局将"普洱景迈山古茶林"列入《中国世界文化遗产预备名单》。2013年，"景迈古茶园"被国务院公布为第七批全国重点文物保护单位；糯岗、翁基、芒景村入选第二批中国传统村落；云南省政府公布"芒景村布朗族传统文化生态保护区"。一时间，地处西南边陲、不为人所熟知的普洱茶山拥有了国际、国内多重保护身份。景迈山上，文化遗产专家、高校学者、咨询机构、社会组织等各类社会力量纷至沓来，在建立遗产保护共识的前提下，形成了由政府主导、社区参与、专业人员指导的遗产保护管理机制，确保了申遗过程中各项工作的有序推进。

第一，建立宏观—中观—微观的保护管理框架。

景迈山古茶林属于有机演进的文化景观，具有鲜明的活态遗产特点。对于这一类型的遗产，不能孤立、静态地对待各个遗产要素，而应该去理解山、林、村、人之间的动态关联，系统地梳理景迈山的价值特征层级和要素

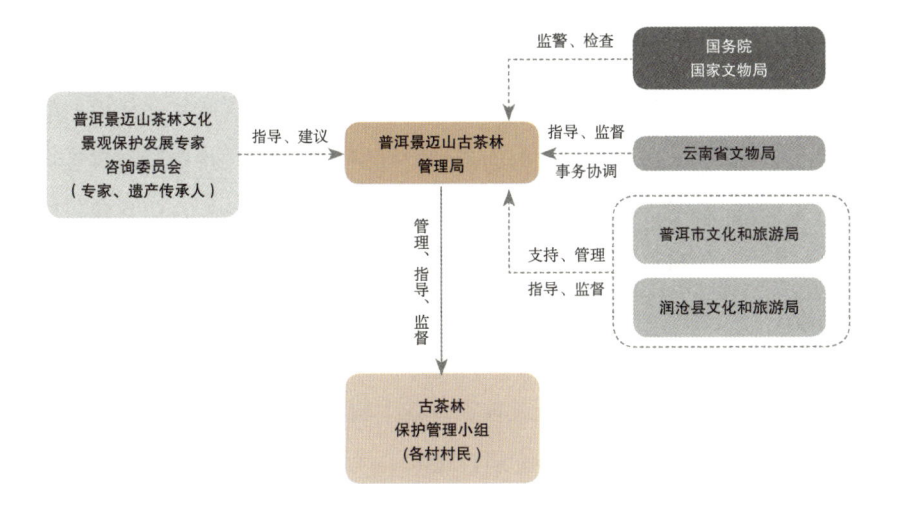

管理机构体系示意图

载体，管理这个综合生态人文系统的演进和变化，追求文化景观与社区和环境的可持续共荣。为此，普洱景迈山古茶林管理局聘请相关专业机构和不同领域的专家学者组成工作团队，秉承"保护茶文化，发展茶经济"的总体策略，建立了宏观—中观—微观三个层次、在空间尺度和工作深度上相互衔接的保护管理框架。

宏观层面，通过公布《景迈古茶园文物保护规划》和《普洱景迈山古茶林遗产保护管理规划》，明确了保护边界和管控要求，将遗产保护与民生改善、传统文化保护传承相结合，制定整体保护和可持续发展策略。中观层面，开展古茶林生态系统保育、传统村落保护整治、价值阐释与展示等专项工作，相应的公约和规划文件为古茶林的保护与展示，村寨的保护、整治、展示利用和建设发展提供了有针对性的指导依据。微观层面，落实古茶树和古树名木的保养维护、文物建筑和传统民居修缮、茶厂民居建筑改造利用等工程项目，专业团队驻场设计，提供陪伴式咨询服务，保障了各项工程最终的实施效果。

相关规划及技术文件

第二,"以人为中心",全方面培育遗产社区。

保护和管理活态遗产时,同样重要的是要关注当地居民的生产和生活条件,确保他们的权益得到保护,并让他们能够参与到遗产地的保护和管理中来。在景迈山的管理机构体系中,每个村寨都设立了古茶林保护管理小组,组长由村民小组长兼任,小组成员由村内推选产生,负责各村村落和古茶林管理的日常事务,并且作为遗产地居民代表切身参与保护管理决策的论证。传承千年的茶林养护、民族习俗等传统知识体系充分纳入各项规划、制度和技术文件中,尊重并强化了世居民族作为遗产地核心社区的身份地位。这些融合了传统和现代智慧的技术性文件又通过宣传教育活动、专家与村民间的长期沟通交流、公房展示利用工程等各种形式传递给村民,让他们逐渐了解、掌握世界遗产的基本知识和能力,成为新时代世界遗产的守护者、传承者。

在传统民居修缮、普通建筑风貌改造的过程中,设计团队把户主的需求作为重要的考量因素。例如,在保护民居建筑特征要素的前提下,增加卫生间、适当提高层高、增加采光、调整室内分隔等,来保证居住的舒适性。在发展茶经济方面,景迈山居民自发组建茶叶合作社,村民采集鲜叶以后自己加工、销售一部分,大部分交给合作社统一制作和销售。村民们获得了古茶林带来的实际利益,继而更加用心地保护古茶林文化景观。

第三,建立更广泛的公众和遗产地的联结。

遗产的价值不只是专家学者书写的一段段文字,它还应该通过多元化的方式进行表达和呈现,让不同的受众群体可以直观地感受和领会,这就是遗产阐释与展示的目的。而受众群体,包括村民、游客,也包括不在现场的广大公众。

与村民沟通规划方案

在编制技术文件、开展保护工程之余，管理局还邀请了社会学、人类学和艺术工作者驻村进行田野调查和文化梳理。他们向非遗传承人和普通村民了解、记录、整理、研究当地的历史和文化，产出了摄影、视频、绘本、装置等作品。一方面在村内设展，给村民提供认知自身文化的新视角和新方式，同时也带着景迈山"走出去"，到北京、深圳等地展出，让城市观众也能欣赏到景迈山的风物人情。

2019年10月，在国家文物局和中国古迹遗址保护协会的提议下，"茶文化景观保护研究与可持续发展国际研讨会"在澜沧县举办。来自九个国家的20余位专家到景迈山实地考察，对景迈山的遗产价值和保护管理工作做出高度赞誉。业内专家的认可有力地推动了景迈山的申遗进程，提高了国际知名度。美国《国家地理》"2022全球最佳旅行地"出炉，景迈山成为中国唯一上榜目的地。展览、会议、纪录片及在视频节目和电影中的出镜，让更多的人得以见到景迈山的真容，引发他们对这处文化景观的好奇和向往，建立更广泛的公众和遗产地的联系。

景迈大寨

成功列入，启航新征程

从过去到现在，景迈山一直处于有机演进的历程中，它的历史和文化没有中断，它的主体民族没有更替，每个历史发展阶段的物质和非物质载体都保存完好。政府、村民、专业机构、社会公众的共同努力使景迈山的生态得以延续、文化得以传承、价值得以传播，让人们可以借由景迈山享览丰富、多样的中国茶文化景观之一隅。

2023年9月17日，普洱景迈山古茶林文化景观正式列入《世界遗产名录》，当地村民盛装歌舞，庆祝这一历史性的时刻。然而，申遗成功并不是故事的结束。获得世界遗产身份之后，景迈山必然会面临新的变化和挑战，比如激增的游客规模、因多年管控而持续累积的建设需求、来自国内和

国际层面对于遗产保护的新期望和新要求……如何在盛名带来的机遇和发展压力下，在全球气候变化的整体趋势下，在活态和可持续发展的目标指引下，持续保持当地人的生产生活方式与茶林、自然生态和传统村落之间的相互关系，真实、完整地呈现突出普遍价值，实现茶的经济价值、文化价值和生态价值的平衡？带着这些问题，景迈山踏上了世界遗产地保护和管理的新征程。

绵延的云海之间，峰峦起伏，茶林掩映；古朴的村寨之中，民居错落，茶香氤氲。晨光初照，佛爷领着小和尚喃喃颂起经文，背着竹筐的采茶人轻巧地穿梭在林中。景迈山的种茶民族在他们世代居住的土地上守护着他们的茶园，就如同爱护自己的生命一般。

北京中轴线

纵贯古今的城市脊梁

郑楚晗

北京中轴线申遗文本编制团队核心成员

2024

一根长达八千米，全世界最长，也最伟大的南北中轴线穿过了全城。北京独有的壮美秩序就由这条中轴的建立而产生。前起后伏左右对称的体形或空间的分配都是以这中轴为依据的。气魄之雄伟就在这个南北引申，一贯到底的规模。……有这样气魄的建筑总布局，以这样规模来处理空间，世界上就没有第二个！

　　——梁思成《北京——都市计划中的无比杰作》

北京中轴线：中国理想都城秩序的杰作
列入时间：2024年
列入标准：(iii)(iv)
遗产分布：北京市东城区、西城区、朝阳区、丰台区

　　北京中轴线作为贯穿北京南北的城市脊梁，集中展现了中国传统哲学思想与美学观念在城市规划中的应用，是中华文明延续与多元融合的象征。从元代奠基到明清定型，再到现代的延续与再创造，北京中轴线不仅是物理空

北京中轴线鸟瞰

间的建设发展之轴，更是时间轴线上城市与社会生活共同演进的见证。它作为中国历代都城轴线规划发展的成熟之作，持续统领着北京的城市格局，定义了核心区域的秩序与功能。那么北京中轴线是如何逐步发展完善，成为贯穿古今的城市脊梁？面对城市化的挑战，它又将如何与北京城继续共生并传递其价值内涵？

一、历史——与城共生的都城规划

北京中轴线，是北京这座千年古都的脊梁。这条轴线不仅贯穿了北京的物理空间，还延续了城市从古至今的历史发展，成为连接过去与未来的重要纽带。从元代初建到明代定型，从清代的丰富完善到近现代的转型发展，北京中轴线以强大的控制力，始终统领着北京的城市格局，奠定了其在中国乃至世界城市格局中的独特地位。它不仅是一条线性空间，更是北京这座城市的"时间轴"，体现了中华文明对秩序、对称与和谐的追求。

北京中轴线的独特性不仅体现在其规划之精密，还体现在它所承载的文化与社会功能。从最初的元大都城市骨架，到明清时期皇家礼仪与行政中心的象征，再到现代城市中展现的公共与文化功能，北京中轴线以其纵贯南北的形态，为北京奠定了作为国家核心的空间秩序，也成为东亚城市规划的典范之一。

始建：元代奠基

北京中轴线的起源可追溯到元至元四年（1267）元代大都的建设时期。这一时期的轴线作为城市骨架，将都城的礼仪、行政、商业功能串联起来，形成了全城的中枢，奠定了北京中轴线的基本形态。今天的万宁桥与地安门外大街就是元代中轴线的重要历史遗存。

元大都的选址强调"天人合一"的理念，充分考虑了区域的山水环境与地理优势。北京城以燕山山脉与太行山脉所环抱，西北重峦叠嶂，东南广阔平原，东西两侧分布着永定河与温榆河等重要水系。这样的地理条件不仅提供了自然屏障和水源支持，还使得北京成为连接中国北方草原与中原农耕区的战略枢纽。北京中轴线基点的确立与积水潭（今什刹海水系）的形态高度契合，轴线向北延伸，形成与燕山山脉地势相呼应的格局。这种选址方案完美体现了人工环境与自然环境的和谐融合。

　　元大都的规划是《考工记》中理想都城范式的杰出实践。北京中轴线以南北向的居中道路为核心，将宫殿、坛庙、市场等功能空间有序排列，左右对称分布。城内的大都城廓结构与街道网络基本遵循"九经九纬"的布局原则，使得城市整体呈现棋盘状的规整形态。在元代的北京中轴线上，北端的钟鼓楼区域以时间管理来控制市井生活，南端的丽正门则连接商业与交通枢纽。元代规划者还通过锚定中轴线设立宫城、后建城廓街道及坛庙的顺序，逐步确立了城市的功能区划。这种建设方式开创了中国都城建设的新范式，也为明清北京城的进一步发展奠定了坚实基础。元代中轴线的完整性和秩序性，至今仍是北京城市格局的重要组成部分。

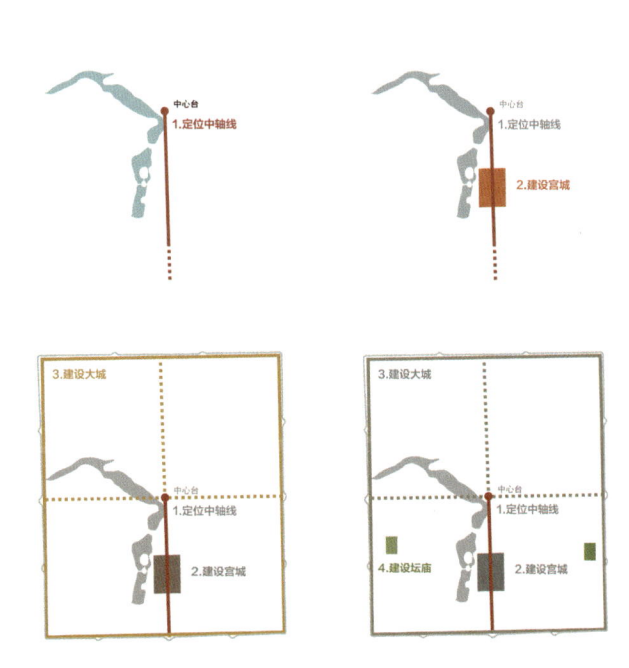

元大都建设时序

故宫前三殿

成形：明代完善

明永乐四年（1406），明成祖朱棣下旨仿照南京皇宫样式修建北京皇宫，北京中轴线迎来了规模空前的扩建工程。至明永乐十八年（1420），随着紫禁城（今故宫）、景山、太庙、社稷坛的核心皇城区域，以及天坛、先农坛的郊祀坛庙的建设，北京中轴线上延续至今的古代皇家宫苑与国家礼仪祭祀建筑体系已基本搭设完毕。

这一时期，紫禁城的建成为中轴线注入了象征性的核心力量。作为过去皇权的象征，太和殿是中国古代建筑等级最高的殿堂，其布局与中轴线严密契合，突出了轴线在规划中的主导地位。同时，宫城周边的居民区和官署也

依照中轴线对称分布，形成了从中心向外层层递进的空间秩序。礼仪建筑太庙和社稷坛紧邻紫禁城以南的东西两侧，构成了相较于元代更为紧凑的"左祖右社"格局，标志着北京中轴线从规划思想到建筑形式的全面成熟。

明嘉靖三十二年（1553），为提升京城防御能力，北京外城的修建拉开序幕。这一工程将先农坛与天坛纳入外城范围，使得城市呈现"凸"字形格局，同时推动了中轴线南段的延伸。明嘉靖四十三年（1564），为进一步增强外城的防御功能，又修筑了瓮城，使北京中轴线自北端的钟鼓楼向南延伸至永定门，形成了贯穿全城、总长7.8千米的完整轴线格局。不同于内城经过元代全盘规划与设计的棋盘状道路，外城的道路多数为居民在生活使用过

社稷坛祭坛与拜殿

太庙享殿

程中自然形成，曲折狭小，与内城的道路肌理形成了鲜明的对比。这一期间的规划与建设，奠定了北京中轴线的整体形态，也使得北京老城的格局与空间形态基本确立。

丰富：清代延续

清代的北京中轴线延续了明代的整体规划格局，同时通过局部改造与扩建，进一步丰富了其礼仪功能和景观层次。以对景山的改建为例，乾隆十四年（1749），原本位于景山东北部的寿皇殿建筑群被迁至景山正北，并扩大建筑规模，用于供奉清代帝后御容。这一调整不仅强化了中轴线北端的视觉中心，还提升了礼仪空间的层次感。此后，景山山体南麓的轴线上建成绮望楼，内部供奉孔子牌位，同时景山顶部新增五座亭子，以北京中轴线对称布局，成为轴线上的观景制高点，进一步体现了轴线的统领作用。

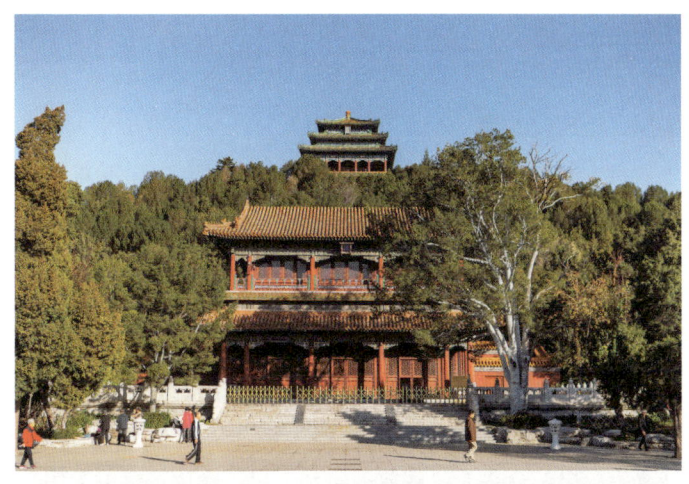

景山绮望楼
与万春亭

景山寿皇殿

与此同时，天坛的改造也为北京中轴线上的建筑景观增添了新的一抹亮色。乾隆八年至十九年（1743—1754），内坛核心建筑群经改造形成了今日所见的圜丘坛与祈年殿建筑群。祈年殿的屋顶由原来的黄、绿、蓝三色瓦改为统一的蓝色琉璃瓦，象征天穹，代表天坛的祭天功能。

清代还对北京中轴线南段的礼仪道路进行了完善。康熙二十八年（1689）至雍正七年（1729），将皇帝专用的御道由土路改为砖石铺设，进一步规范了从宫城至南城祭祀场所的仪式性通道。通过对景山、天坛等重要节点的调整与优化，清代的统治者在北京中轴线上实现了礼仪功能与景观艺术的高度结合，使其成为文化与空间的有机统一体。

发展：近现代改造

进入 20 世纪，北京中轴线从封闭的皇家空间逐渐转型为市民共享的公共空间。天安门广场成为北京中轴线功能与意义演变的重要象征，延续了北京中轴线作为城市规划核心的思想，同时彰显其作为国家礼仪场所的现代价值。

1958 年，天安门广场进行了大规模改造，其规划设计延续了中轴线"左右对称、前后有序"的传统理念。广场中央竖立的人民英雄纪念碑位于中轴线之上，以纪念在人民解放战争和人民革命中牺牲的人民英雄。广场两侧的人民大会堂与中国国家博物馆，在高度、体量和立面设计上保持对称布局，体现了对中轴线传统规划原则的尊重与实践。

此外，天安门广场的功能也发生了重要变化，由原本封闭的皇家空间变为开放的公共广场，但同时延续了北京中轴线作为国家礼仪场所的角色。从国庆阅兵到群众集会，广场承载了现代中国重要的政治与社会活动。毛主席纪念堂的建设及天安门广场的再次扩建，进一步突出了这一地区的国家象征意义。

天安门广场的改造表明，北京中轴线不仅是历史遗产，也是活态的城市遗产。通过对传统规划理念的现代化运用，天安门广场成功地将中轴线的历

正阳门城楼、箭楼与毛主席纪念堂

史价值与现代需求相结合，成为连接古代与当代的重要纽带，为城市景观注入了新的生命力。

传承：当代共生

　　今天，北京中轴线不仅是一条历史轴线，更是承载城市活力的文化脊梁。通过数字化技术与多媒体展示，轴线上的遗产故事被赋予了新的生命。2024 年，中轴线正式列入《世界遗产名录》，这条贯穿古今的脊梁成为全球瞩目的文化遗产。

　　作为活态遗产，北京中轴线在保护与发展的双重驱动下，不断展示其在现代社会中的独特价值。从文物修复到社区参与，从历史教育到国际交流，北京中轴线已经成为连接历史与未来的桥梁。它不仅承载了北京的城市记忆，也为全球文化遗产的保护与利用提供了生动的案例，成为中华文明延续与创新的典范。

二、价值——中华文明的物质表达

秩序与和谐：儒家思想的空间表达

北京中轴线不仅是一条贯穿城市的物理轴线，更是中华文明核心文化价值的体现。这条轴线展现了中国对秩序、中正与和谐的追求，并承担着国家礼仪的核心功能。轴线的规划与布局体现了儒家哲学对社会结构与自然秩序的深刻影响，以对称与平衡为核心，实现了"中正"和"和合"的理想。因而，北京中轴线符合世界遗产的突出普遍价值标准（iii），即"能为延续至今或业已消逝的文明或文化传统提供独特的或至少是特殊的见证"。

"中和"是中国传统文化的核心理念之一，它不仅指代一种秩序，更是一种道德上的均衡与理性。在儒家思想中，"中"意指不偏不倚的正位，"和"则是不同事物间的协调与统一。《中庸》中记载："中也者，天下之大本也；和也者，天下之达道也。"这是对天地万物运行规律的总结，也是中国人对社会、自然和宇宙秩序的理解，意味着事物运行有序、通达顺畅的理想状态。这一理念通过建筑布局得到具体表达：中轴线以贯通南北的形式象征了对中心位置的崇敬与尊重，而其两侧的对称性则体现了和谐与平衡的美学追求。

北京中轴线在规划格局、建筑形态和景观塑造等方面充分地表达出"中"与"和"的理念。位于中心的城市生活的管理设施、处于制高点的城市景观建筑、礼仪性殿堂是决定整个城市形态的核心，体现了"中"的意义和作用。太庙、天坛居左，社稷坛和先农坛居右，围绕中心对称布局，烘托核心建筑，形成中心突出，东西严整对称的城市建筑群和景观整体，表达了

天坛祈年殿

"和"的物质形态,构成了围绕居中建筑均衡、对称、严整、有序的整体规划格局和城市景观。

同时,"中""和"还是一种功能与内涵上的秩序。在空间布局上,不同位置的建筑具有不同的意义和重要性,居中的建筑具有最高的重要性,位于左侧(东侧)的次之,右侧(西侧)的再次之。在北京中轴线上位于核心位置的是构建国家秩序的殿堂和管理城市社会生活的钟鼓楼,这种布局方式是中国传统中以人为尊的人本主义观念的表达;在左侧(东侧)布置体现"祖先"和"天道"的精神性场所,如太庙和天坛;右侧(西侧)则布置体现物质性属性,具有国土、土地意义的场所,如社稷坛和先农坛。这种布局方式反映出中国人世界观中"天""地""人"三者的关系，构建了一个以现实人类社会为中心的"敬天""法祖""以农为本""家国一体"的世界体系。

中国的中轴线与西方传统的轴线设计有着根本性的不同。西方的轴线往往以景观审美为核心，如法国凡尔赛宫和美国华盛顿国家广场，而中国的中轴线则以社会秩序与礼仪功能为内核。这种轴线设计理念通过建筑的对称性与礼仪空间的中心性，体现了对社会稳定与文化延续的深刻追求。

这种以"中和"为核心的理念不仅体现在中国古代都城的规划中，也通过中国文化的传播影响了东亚及东南亚其他国家。在日本平城京（今奈良）的规划中，唐长安城的中轴线布局被完整借鉴，其朱雀大街贯通南北，将宫城与市区有序连接，展现了中轴理念的延续。这些规划思想不仅塑造了城市空间的基本框架，还成为东亚地区文化共性的象征，体现了以中轴秩序为核心的儒家理念超越国界，影响了更广阔的区域。

规划与布局：中国传统城市设计的典范

北京中轴线不仅是中国传统城市规划理念的巅峰之作，也是中华文明跨越时间与空间而来的千年对话之声。其规划理念承袭了中国古代都城建设的核心思想，并在历代发展中不断完善，从而成为中国传统都城规划中轴线发展的集大成者。因此，北京中轴线符合世界遗产的突出普遍价值标准(vi)，即"是一种建筑、建筑或技术整体、或景观的杰出范例，展现人类历史上一个(或几个)重要阶段"。

中国古代都城的规划设计理念最早可以追溯至《考工记》中关于理想都城的描述。《考工记》记载："匠人营国，方九里，旁三门；国中九经九纬，经涂九轨；左祖右社，面朝后市。"这一描述奠定了中国都城规划中"中轴统领、四向均衡"的理想模式。它不仅是对空间布局的设计，更是一种治理理念的体现。通过礼制的核心功能，轴线成为传达权力与秩序的重要载体。

从中国古代都城的发展建设中，对《考工记》所载规划理念的应用经历了一个逐步发展的漫长过程。东周以前的都城大多以宫城为主体，功能与布

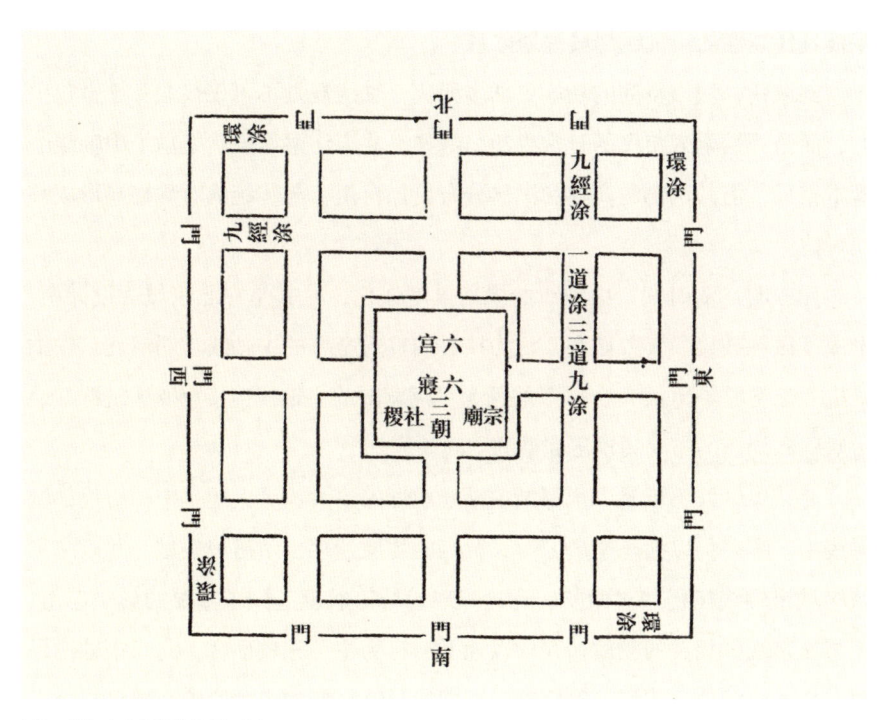

《考工记》中的都城格局复原图

局均很松散。东周至两汉时期,虽然都城城廓已逐步形成,但仍以多宫为主要形态,没有明确的轴线。都城中轴线的功能与形式在魏晋南北朝时期的都城中逐渐成形。以曹魏邺城为例,其中轴线贯穿宫城、皇城和城市南门,并以宽阔的大道为核心,将礼仪、行政与日常生活场景紧密联系起来。北魏洛阳城的规划则更进一步,沿中轴线布置了象征皇权的宫殿群,同时以轴线为基准,在两侧形成对称分布的城市功能区。这种规划强调了都城的等级秩序和权力集中,成为后世都城规划的重要参考。

进入隋唐时期,长安城的规划达到新高度。以朱雀大街为中心的中轴线,不仅是权力的象征,更成为连接都城功能的核心纽带。其北端的太极宫代表了皇权的至高无上,东西市的对称布局则体现了社会经济活动的平衡性。唐长安城还以中轴线为核心,将祭祀、宫廷和市井功能有序结合,形成了极具代表性的中轴线都城规划体系。

到宋代，城市空间的功能更加多元化，轴线规划不再仅仅服务于皇权中心，而是开始融入市民的日常生活。例如，北宋汴梁城虽然继承了中轴线的基本格局，但其两侧的商业和民居分布更加自由，与传统的对称格局形成鲜明对比。

元、明、清时期，中轴线的规划再度强化，尤其是在北京城的设计中，形成了以钟鼓楼、紫禁城和天坛为核心的贯通全城的中轴线。明清北京中轴线进一步突显了"天人合一"的理念，以宽阔的主轴线连接重要建筑群，通过对称和均衡的布局展现出和谐的空间秩序。

北京中轴线不仅是中国都城中轴线规划的集大成者，还是中国历代都城轴线中，唯一仍以活态遗产的形式留存的物质遗存。隋唐长安城、北宋汴梁城等城市轴线虽仍然对西安、开封等现代城市肌理起到了重要的影响作用，但与城市规划相关的物质遗存均以地下遗存为主。相较而言，北京中轴线保留有从元代始建、明清发展完善、近现代延续创新的各阶段地面建筑与地下遗存，并能够真实完整地展现一以贯之的都城规划发展历程。

遗产构成要素：价值特征的体现

根据世界遗产的申报要求，成为世界遗产不仅要被认定其价值具有全世界范围的突出普遍意义，并且需要得到真实与完整的物质遗存的有效支撑。北京中轴线并不存在天然边界，其遗产范围的确定需要解决一系列选择上的困难。为了全面反映中轴线的核心价值，这些要素的选择主要依据其在位置、功能和文化意义上的高度关联性，同时还需考虑保存现状的真实性与完整性。此外，在选择的范围上也需要考虑未来实际管理世界遗产时所要面临的挑战。因而，遗产构成要素以轴线之上及两侧的历史建筑与遗址为核心。虽然北京还有其他一些对称分布的坛庙和街巷，它们也与城市发展历程及规划理念密切相关，但由于位置与北京中轴线并不直接相邻，或功能与文化意义并不直接相关，因此未被纳入遗产构成要素。此外，保存状况较差或管理制

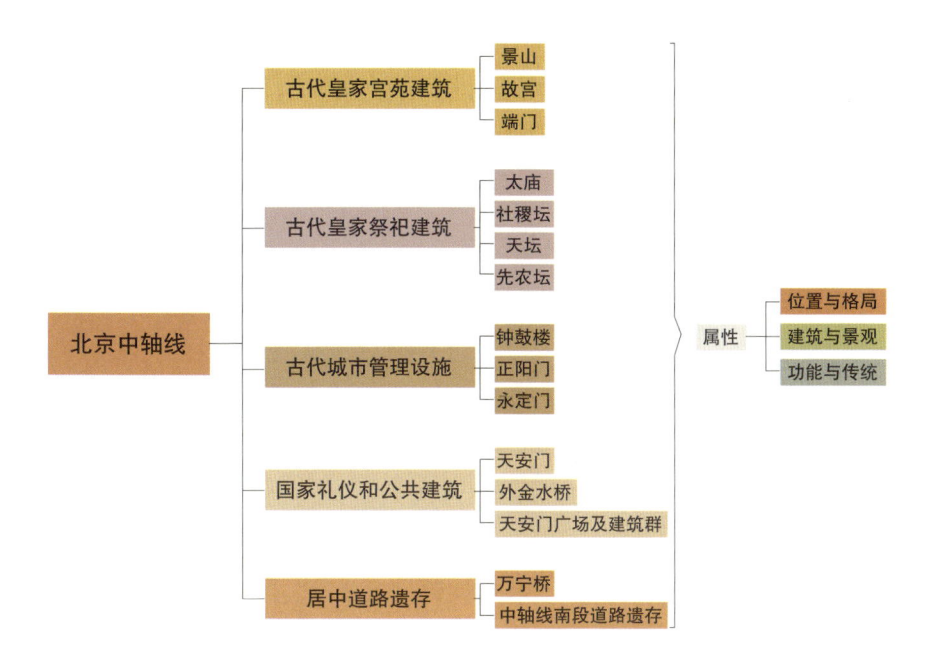

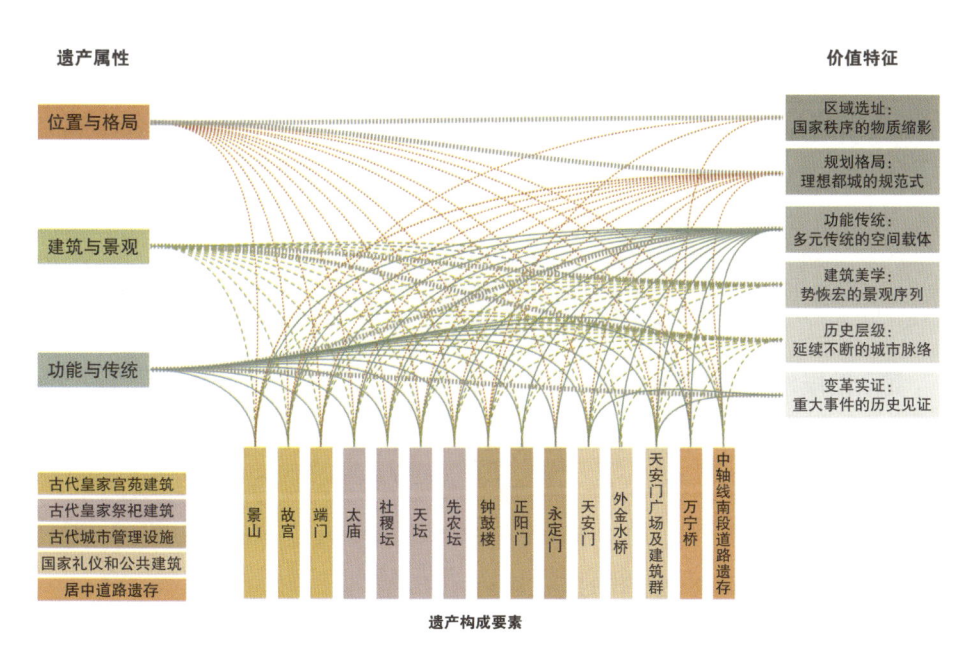

北京中轴线

```
北京中轴线 ┬─ 古代皇家宫苑建筑 ┬─ 景山
          │                  ├─ 故宫
          │                  └─ 端门
          ├─ 古代皇家祭祀建筑 ┬─ 太庙
          │                  ├─ 社稷坛
          │                  ├─ 天坛
          │                  └─ 先农坛
          ├─ 古代城市管理设施 ┬─ 钟鼓楼
          │                  ├─ 正阳门
          │                  └─ 永定门
          ├─ 国家礼仪和公共建筑 ┬─ 天安门
          │                    ├─ 外金水桥
          │                    └─ 天安门广场及建筑群
          └─ 居中道路遗存 ┬─ 万宁桥
                          └─ 中轴线南段道路遗存
```

属性：位置与格局 / 建筑与景观 / 功能与传统

遗产属性 — 价值特征

位置与格局
建筑与景观
功能与传统

区域选址：国家秩序的物质缩影
规划格局：理想都城的规范式
功能传统：多元传统的空间载体
建筑美学：势恢宏的景观序列
历史层级：延续不断的城市脉络
变革实证：重大事件的历史见证

古代皇家宫苑建筑
古代皇家祭祀建筑
古代城市管理设施
国家礼仪和公共建筑
居中道路遗存

遗产构成要素：景山、故宫、端门、太庙、社稷坛、天坛、先农坛、钟鼓楼、正阳门、永定门、天安门、外金水桥、天安门广场及建筑群、万宁桥、中轴线南段道路遗存

申遗文本中遗产构成要素及其对应的类别、属性与价值特征

281

度不完善的遗产点也未能列入。

最终确定的15个核心遗产构成要素涵盖了五种类型，每一类型都为北京中轴线的突出普遍价值做出了独特贡献：

1. 古代皇家宫苑建筑：故宫、景山、端门，展现了中国古代都城选址规划、皇家礼仪传统与建筑建造技艺。

2. 古代皇家祭祀建筑：太庙、社稷坛、天坛和先农坛，承载了中国古代皇家祭祀礼仪，并体现了中轴线对称规划格局。

3. 古代城市管理设施：钟鼓楼、正阳门、永定门，承担城市的社会生活管理功能，并构成北京城廓格局的重要节点。

4. 国家礼仪和公共建筑：天安门、外金水桥、天安门广场及建筑群，延续了国家礼仪传统。

5. 居中道路遗存：万宁桥、中轴线南段道路遗存，自元代始建并沿用至今的南北中轴线道路及相关交通设施。

这些遗产构成要素集中展现了北京中轴线的历史与文化内涵，从建筑群的对称性到功能上的连贯性，展现了北京中轴线作为北京城市脊梁的独特意义。通过这一遗产构成要素的选择与保护，北京中轴线不仅连接了历史与现代，更成为中华文明延续与统一的重要象征。

三、申报——生生不息的城市脊梁

第一阶段：规划与准备（2009—2016年）

2009年，《北京中轴线申报世界遗产预备名录文本》的编制工作启动，为申遗提供理论和实践支撑。这一文本系统梳理了北京中轴线的历史价值、空间格局与文化意义。2012年，北京中轴线正式列入《中国世界文化遗产预备名单》，标志着申遗工作的正式启动。

那么为什么在北京已有故宫、天坛、大运河等多个遗产的情况下，还需要单独申报中轴线为世界遗产呢？

从可行性的角度，世界遗产重叠的现象在全球范围内并不罕见。以法国的圣地亚哥-德孔波斯特拉朝圣之路为例，其范围内包含了圣米歇尔山及其海湾、布尔日大教堂等单独列入的遗产。同样的情况也出现在印度，简塔·曼塔天文台被列入遗产名录后，包含其范围的拉贾斯坦邦斋普尔于2019年独立入选。这些实例表明，新的遗产申报并不会因与现有遗产部分重叠而受到限制，反而为特定区域的文化多样性和价值丰富性提供了更全面的展示平台。根据《世界遗产公约》及其《操作指南》，新的申报项目只需在遗产构成和价值层面具备显著差异，即可作为独立项目申报。在评估过程中，国际遗产评审机构更注重遗产是否符合突出普遍价值的要求，并将新划定区域与已有遗产范围作为整体进行评估，而非单独评价其独立性。因此，北京中轴线与故宫、天坛、大运河部分重叠并不会构成障碍，反而进一步强化了区域遗产的整体保护与管理框架。

从必要性的角度，北京中轴线与重叠的三处世界遗产在类型、历史时期和价值阐释上均有显著差异。从遗产类型上，北京中轴线属于《世界遗产公约》文化遗产分类中的"建筑群"，并可细分为曾经《操作指南》附录三中认定的特殊类型遗产"历史城镇与城镇中心"。虽然特殊类型遗产的概念已在2021年《操作指南》的修订中被删去，但仍然有助于我们理解和区分不同遗产地的差异。而相较之下，故宫是由北京故宫与沈阳故宫两组建筑群组成的系列遗产，天坛是单一的礼仪性建筑群，大运河则为跨区域的线性文化景观；总的来说，它们与北京中轴线的类型都差异较大。从历史时期来看，北京中轴线的发展贯穿元、明、清直至现代，具有鲜明的历史连续性和多样性；而故宫与天坛主要反映明清时期的皇家礼仪，大运河则以隋唐至清代为核心。更重要的是，北京中轴线的价值侧重于整体城市规划格局的严谨性、建筑美学的恢宏性及其作为历史见证的显著性，与其他遗产形成互补却又独立的特点。这种独特性决定了北京中轴线需以独立项目申报，以全面呈现其突出普遍价值。

第二阶段：交流与深化（2017—2020年）

这一阶段是北京中轴线申遗工作的全面加速期，多个重要政策文件与学术活动推动了工作的深化。

在政策规划方面，2017年《北京城市总体规划（2016年—2035年）》提出"积极推进中轴线申遗工作"，将其列为北京历史文化名城保护与城市发展的核心任务。2020年印发的《北京中轴线申遗保护三年行动计划》进一步明确了价值阐释、环境整治与公众参与等具体目标，为遗产保护与申遗工作提供了阶段性指引。伴随次年《北京中轴线风貌管控城市设计导则》的印发，为北京中轴线上新老建成环境提供重要的引导与管控，并为中轴线环境综合治理项目提出可实操的依据；通过"和居民一起做设计"的社区参与理念，实现以申遗带动老城居住环境改善的目标。例如钟鼓楼周边街区环境治理项目中，搭建于住房屋顶较为密集又杂乱的鸽舍对中轴线的第五立面产生了影响，因而成为环境整治对象。鸽舍作为北京传统文化的象征，不仅承载了居民对老城生活的记忆，也是鸽哨盘旋于天际的独特文化景观，因而其使用需求在项目过程中得到了充分尊重。环境更新方案采用针灸式、定制化设计，通过多轮座谈和协商，在功能上满足养鸽需求，外观则融入传统风貌，兼顾了文化传承与环境协调，展现了居民生活与街区改造的深度融合。

在学术活动方面，北京市多次举办国际与国内学术研讨会，邀请各国各专业专家参与北京中轴线价值的论证。这些会议不仅扩大了北京中轴线的国际影响力，还为申遗文本的完善提供了重要参考。2018—2020年，第一至第三届北京中轴线申遗保护国际学术研讨会相继召开，为申遗工作奠定了重要的理论基础。历届研讨会分别围绕申遗策略与保护方向、突出普遍价值与遗产构成、价值标准阐述及遗产区划范围和保护管理要求，循序渐进地展开重点讨论，极大地推动了文本的完善与申遗工作的深化。

在文本不断推敲与论证的过程中，有许多重要的议题被反复提及。首先是北京中轴线的遗产类型，经过多次讨论后被定义为活态的城市遗产，强调其作为不同历史阶段不断积累而来并动态变化、而非凝固于某一特定时间节点的重要特征。这种定位不仅符合国际遗产保护的最新趋势，也契合中轴线在北京城市发展中持续性的统领作用。

此外，天安门广场与永定门也是热议的焦点对象。天安门广场及建筑群作为现代中国的重要政治与文化象征，不仅延续了北京中轴线作为国家礼仪场所的功能，同时通过与人民英雄纪念碑与毛主席纪念堂居中、国家博物馆与人民大会堂东西对称的规划布局，展现了传统规划理念在现代背景下的应用，因此建筑群本身就是对北京中轴线在不同时代中所发挥重要统领作用的体现，它进一步强调了北京中轴线作为活态遗产的属性。

而永定门的重建则是对北京中轴线南端点的标示，使其南北贯通的形态更加完整。重建的位置根据1954年测绘图与2003年考古结果判定，与拆除前的位置一致；形制根据喜龙仁《北京的城墙与城门》一书（1924年出版）所载文字、照片和图纸及1944年永定门的测绘图纸复原。更重要的是，重

永定门及御道遗存

建工程是由政府、专家与群众共同合力达成的结果。其重建由政协委员王灿炽提出，不仅得到王世仁、吴良镛、徐苹芳、傅熹年、张锦秋、郑孝燮等多位建筑、规划与考古领域的专家支持，更得到了广大市民的热情响应，许多周边的居民与单位踊跃捐赠城墙与城楼拆除时收集而来的城砖，最终有4 000多块老城砖使用在了今天永定门的北墙上。作为遗产构成要素，天安门广场建筑群与永定门使得北京中轴线的整体性与多样性得到了进一步的表达与强化，它们正是北京中轴线强大生命力的载体与证明。

第三阶段：冲刺与突破（2021—2024年）

2021年，阶段性申遗文本的英文版在国家文物局的指导下提交联合国教科文世界遗产中心并完成格式审查，标志着北京中轴线正式进入申报流程的冲刺阶段。

2022年，《北京中轴线文化遗产保护条例》正式出台，为中轴线的法律保护奠定了坚实基础，确保北京中轴线的遗产保护工作具有法律约束力。

2023年1月，《北京中轴线保护管理规划（2022年—2035年）》正式公布，规划强调多部门协作，提出遗产保护与现代城市发展并行的综合方案。北京中轴线由于遗产构成要素数量庞大且管理部门众多，在保护管理的协同机制上面临挑战。为了解决这些问题，北京市通过联合文物、规划、交通和生态等多个部门，形成了跨领域合作的保护框架，并设立专门的协调委员会，整合资源、优化管理流程，并引入数字化工具以提高信息共享与实时监控的效率。通过这些努力，确保遗产的真实性与完整性在快速变化的城市环境中得到持续维护。

2023年1月，北京中轴线申遗文本正式提交联合国教科文组织世界遗产中心；同年8月，在北京中轴线申遗办组织及文本和规划团队的配合下，完成为期八天的国际专家现场考察；9—11月，根据国际古迹遗址理事会意见，申遗团队对文本进行了两次补充说明并完成巴黎现场答辩，为申遗成功奠定了坚实基础。2024年7月27日，在印度新德里召开的第四十六届世界遗产

左 《北京中轴线保护管理规划（2022年—2035年）》封面
右 《北京中轴线申遗文本》封面

大会上，北京中轴线正式列入《世界遗产名录》。这一成果不仅是北京文化遗产保护的里程碑，也是国际社会对中国城市规划及遗产保护理念的认可。

展望：中轴线的未来

申遗成功后，北京中轴线进入保护与发展的新阶段。作为活态遗产，北京中轴线在数字化保护、社区与公众参与和国际交流中焕发了新的生机。

在数字化保护方面，北京市正利用三维激光扫描技术全面记录中轴线建筑的形态和细节，为未来的修缮与管理提供科学依据。同时，基于物联网的实时监测系统已开始应用于重点遗产点，如钟鼓楼和天坛，以动态掌控其结构安全和环境变化。

北京中轴线的相关文化活动已成为公众了解遗产价值的重要窗口，每年吸引数万名市民和游客参与活动，通过展览、讲座、互动体验等形式增强文化认同。此外，社区还主动参与了如胡同整治、景观提升等遗产保护项目，不仅改善了居住环境，也推动了文化价值的传承。

国际合作也成为保护工作的亮点，北京与国际古迹遗址理事会及多个国际机构建立了长期合作，分享遗产保护经验，并引入先进技术优化管理流程。通过这些努力，北京中轴线正在向更智慧化和全球化的保护模式迈进。面对城市化和气候变化等新的挑战，北京中轴线的保护工作需要不断探索创新路径，以确保这条贯通古今的文化脊梁在未来继续发挥其独特作用。

图源

长城：壮丽的建筑奇迹

- 内蒙古固阳秦始皇长城：作者摄。
- 新疆库车县克孜尔尕哈汉代烽燧：作者提供。
- 山海关老龙头澄海楼：作者摄。
- 嘉峪关关城：作者摄。
- 牧羊今天依然是长城脚下农民的主要经济来源：作者摄。
- 八达岭长城：作者摄。
- 内蒙古自治区乌兰察布市丰镇隆盛庄烽火台：作者摄。
- 中国加入《世界遗产公约》提案：引自《科技日报》2022年10月28日第八版。
- 长城列入世界文化遗产的证书：引自北京市地方志编纂委员会编《北京志》，北京出版社，2006年。
- 北京怀柔神堂峪长城：作者摄。
- 甘肃玉门关汉长城：作者摄。
- 山海关孟姜女庙：作者摄。
- 山西岢岚北齐长城：作者摄。
- 毛石墙体和裸露的墙心结构：作者摄。
- 白羊峪长城：作者提供。
- 作者在长城保护员俞海文的陪同下考察长城：作者提供。

乐山大佛：佛是一座山，山是一尊佛

- 乐山大佛处于三江汇流地段：作者提供。
- 清代凌云山名胜木刻图：引自《嘉定府志》。
- 乐山县境舆图：引自《嘉定府志》。
- 1995年申报文件：作者摄于乐山大佛管理委员会。
- 乐山大佛世界遗产范围：作者提供，壹原视觉改绘。
- 麻浩崖墓荆轲刺秦壁画：作者提供。
- 麻浩崖墓垂钓老翁壁画：作者提供。
- 麻浩崖墓：作者提供。
- 乐山大佛头部的排水系统：作者提供。
- 大佛崖壁窟龛风化（2013年）：作者提供。
- 乐山大佛全景：作者提供。

庐山：多元共融的文化景观

- 五老峰俯视鄱阳湖：作者摄。
- 铁船峰：作者摄。
- 现存最早的庐山画作《匡庐图》：[五代]荆浩作，台北故宫博物院藏。
- 李白吟诵的黄岩瀑布：作者摄。
- 西林寺塔：作者摄。

- 明代庐山御碑亭：作者摄。
- 庐山天主堂：作者摄。
- 鄱阳湖自然保护区：作者摄。
- 东林寺：作者摄。
- 虎溪三笑图：台北故宫博物院藏。
- 石门涧：作者摄。
- 御碑亭俯视长江：作者摄。
- 秀峰龙潭石刻：作者摄。
- 白鹿洞：作者摄。
- 白鹿洞书院——紫阳手植丹桂：作者摄。
- 五老峰—三叠泉：作者摄。
- 天池山远眺铁船峰、石门洞：作者摄。
- 照江崖——王阳明题刻：作者摄。
- 黄龙寺赐经亭：作者摄。
- 牯岭镇：作者摄。
- 庐山会议旧址：作者摄。
- 庐山植物园：作者摄。
- 望江亭：作者摄。
- 庐山抗战纪念碑：作者摄。
- 由别墅改造的庐山石刻博物馆：作者摄。
- 庐山雾凇景观：作者摄。

苏州古典园林：人类文化艺术的瑰宝

- 苏州的江南风光：作者摄。
- 苏州太湖的自然山水：作者摄。
- 春秋吴国姑苏台图：引自童寯《江南园林志》，中国建筑工业出版社，2014 年。
- 太湖岸边露头的太湖石：作者摄。
- 沧浪亭：作者摄。
- 北宋花石纲遗物瑞云峰：作者摄。
- 狮子林假山：作者摄。
- 20 世纪 80 年代出版的《长物志校注》：作者提供。
- 留园濠濮亭：作者摄。
- 拙政园香堂与周边建筑：作者摄。
- 拙政园中的花园山水：作者摄。
- 环秀山庄叠山：作者摄。
- 拙政园中部水景：作者摄。
- 动观流水静观山：作者摄。
- 丽日牡丹发几枝：作者摄。
- 环秀山庄石室：作者摄。
- 狮子林花窗——琴棋书画：作者摄。
- 网师园琴室：作者摄。
- 网师园书房画室：作者提供。
- 专为拍曲建的拙政园卅六鸳鸯馆：作者摄。
- 园林雅集曲水流觞：作者摄。
- 耦园还研斋的装修和陈设：作者摄。
- 松鹤图案铺地：作者摄。
- 留园银杏秋景：作者摄。
- 网师园引静桥远眺：作者摄。
- 艺圃山水：作者摄。
- 拙政园杜鹃花会：作者摄。
- 申报文本中文版：作者提供。
- 1997 年和 2000 年的世界遗产证书：作者提供。
- 维修施工：作者摄。
- 中外专家共同讨论保护之路：作者摄。

殷墟：中国信史起点的世界意义

- 殷墟第六次发掘，小屯 B1 区发掘情形：引自李永廸、冯忠美《殷墟发掘照片选集 1928—1937》，"中央研究院"历史语言研究所，2013 年。
- 殷墟第十五次发掘，殷墓 YM362 工作情形：引自李永廸、冯忠美《殷墟发掘照片选集 1928—1937》，"中央研究院"历史语言研究所，2013 年。
- 殷墟大司空东地车马坑：引自牛世山《河南安阳殷墟大司空东地三座商代晚期车马坑发掘简报》，《考古与文物》，2024 年第 6 期。
- 洹北商城 1 号基址平面图：引自唐际根、吴健聪《商王朝宫室类建筑的发现、保护与展示》，《世界建筑》，2023 年第 11 期。
- 洹北商城 1 号基址航拍图，领队唐际根于直升机上亲自拍摄：中国社会科学院考古研究所安阳工作站提供。
- 殷墟遗址（20世纪70年代拍摄）：引自唐际根、巩文主编《殷墟九十年考古人与事（1928~2018）》，社会科学文献出版社，2018年。
- 宫殿宗庙区远景：李自省摄。
- 卜甲：李熠旸摄。
- "子央坠车"卜骨：引自郭沫若《甲骨文合集》，中华书局，1999年。
- 发掘中的王陵区M1550大墓：引自梁思永、高去寻《侯家庄·1550号大墓》，"中央研究院"历史语言研究所，1976年。
- 妇好墓墓底大型铜器分布示意图：引自中国社会科学院考古研究所编著《殷墟妇好墓》，文物出版社，1980年。
- 带流虎鋬象牙杯：引自何毓灵、李志鹏主编《殷墟出土骨角牙蚌器》，社会科学文献出版社，2018年。
- 妇好鸮尊：王波霖摄。
- 亚长墓牛尊：李熠旸摄。
- 陶三通：李熠旸摄。
- 殷墟王陵墓葬区俯瞰图，深色灌木标识大墓轮廓：引自唐际根《殷墟——埋藏着一个真实的商王朝》，《了不起的文明现场》，生活·读书·新知三联书店，2020年。
- 殷墟博物馆新馆鸟瞰：安阳市文物局李晓阳局长提供。
- 南方科技大学"复原"的妇好形象：唐际根提供。

大运河：流淌的大地史诗

- 杭州大运河景象：张友圆摄。
- 隋唐洛阳含嘉仓刻铭砖：作者提供。
- 古邗沟：作者提供。
- 杭州大运河段剪影：张友国摄。
- 杭州运河人力翻坝：作者提供。
- 《清明上河图》中的汴河：[北宋]张择端作，作者提供。
- 北京通州燃灯塔：作者提供。
- 南旺水利枢纽工程：引自全国政协文史和学习委员会主编《中国大运河》，中国文史出版社，2010年。
- 南旺水坝龙王庙：作者提供。
- 扬州个园：作者提供。
- 临清钞关：作者提供。
- 聊城山陕会馆：作者提供。
- 京杭大运河南端的拱宸桥：胡鉴摄。
- 京杭大运河申遗成功会场：作者提供。
- 淮安总督漕运部院：作者提供。
- 浙东运河古纤道：作者提供。
- 苏州桃花坞画：作者提供。

花山岩画：世界上最大的崖壁画卷

- 秀美的明江山水风光：作者摄。
- 神秘的壮乡岜莱——花山岩画：作者摄。
- 左江花山岩画大多就绘在江河两岸陡峭的崖壁之上：作者摄。
- 花山岩画主画幅局部：作者摄。
- 花山岩画的正身人像：作者摄。
- 花山岩画的侧身人像：作者摄。
- 铜鼓图像：作者摄。
- 高山岩画局部图像：作者摄。
- 羊角钮钟图像：作者摄。
- 环首刀及扁茎短剑图像：作者摄。
- 剑图像：作者摄。
- 渡船图像：作者摄。
- 男女交媾图：作者摄。
- 羊角钮钟：引自广西壮族自治区文物管理委员会等编《广西文物珍品》，广西美术出版社，2002年。
- 环首刀：引自广西壮族自治区文物管理委员会等编《广西文物珍品》，广西美术出版社，2002年。

- 扁茎短剑：引自广西壮族自治区文物管理委员会等编《广西文物珍品》，广西美术出版社，2002年。
- 花山岩画地点的碳十四测年数据：引自覃圣敏等编《广西左江流域崖壁画考察与研究》，广西民族出版社，1987年。略有改动。
- 花山岩画地点的铀系测年数据：宁明县文物管理所提供。
- 正身人像头上脸部绘三红点，即为戴面具的巫师图像：作者摄。
- 出土文物中的铜鼓：引自广西壮族自治区文物管理委员会等编《广西文物珍品》，广西美术出版社，2002年。
- 花山岩画申遗专家咨询会：作者摄。
- 在第四十届世界遗产大会上，花山岩画接受大会审议：作者摄。
- 2006年7月15日，笔者在伊斯坦布尔世界遗产大会现场见证花山岩画申遗成功：作者提供。
- 世界最大的岩画画幅——宁明花山岩画：作者摄。
- 花山岩画巨大画幅局部：作者摄。
- 花山岩画局部，为颜色保存较好的一组：作者摄。
- 花山绝壁处最大的岩画正身人像，高达3.58米：作者摄。
- 岩画、山崖、河流、台地共同构成的文化景观单元：作者摄。
- 风化病害：作者摄。
- 裂隙病害：作者摄。
- 溶蚀病害：作者摄。
- 粉尘沙尘覆盖病害：作者摄。
- 2009年12月8日，花山岩画保护工程开工仪式：作者摄。

鼓浪屿：全球公民精神的重要课堂

- 鼓浪屿与厦门岛隔江相望：作者摄。
- 19世纪末的岩子脚传统住区：鼓浪屿世界文化遗产监测中心提供。
- 四落大厝、黄氏小宗、日光岩寺：作者摄。
- 19世纪晚期西方人建造的风格统一的外廊式建筑：鼓浪屿世界文化遗产监测中心提供。
- 毓德女学校旧址、闽南圣教书局旧址、安献楼：作者摄。
- 救世医院和护士学校旧址、博爱医院旧址、宏宁医院旧址：作者摄。
- 万国俱乐部旧址、延平戏院旧址、洋人球埔旧址：作者摄。
- 19世纪末的鼓浪屿：鼓浪屿世界文化遗产监测中心提供。
- 鼓浪屿工部局遗址、会审公堂旧址、日本警察署及宿舍旧址：作者摄。
- 20世纪30年代的鼓浪屿：鼓浪屿世界文化遗产监测中心提供。
- "厦门装饰风格"建筑：作者摄。
- 完整保留至今、尺度宜人的街巷空间：作者摄。
- 台风过后，倒伏的树木通过艺术装置的形式留在原位，以各种各样的形式向公众继续传递着故事：作者摄。
- 公共议事会讨论提案、商家协会会员大会、社区民众参观遗产监测中心：鼓浪屿世界文化遗产监测中心提供。
- 丰富的社区文化生活：鼓浪屿世界文化遗产监测中心提供。

良渚：被誉为文明圣地的世界遗产

- 良渚古城遗址申遗范围：良渚古城遗址公园提供，壹原视觉改绘。
- 良渚古城遗址公园全貌：良渚古城遗址公园提供。
- 施昕更铜像：晨星摄。
- 《良渚》报告：作者提供。
- 反山墓地：浙江省文物考古研究所提供。
- 瑶山祭坛：浙江省文物考古研究所提供。

- 汇观山祭坛：浙江省文物考古研究所提供。
- 莫角山平剖面结构图：良渚博物院提供。
- 良渚古城复原图：良渚古城遗址公园提供。
- 良渚水坝系统：良渚古城遗址公园提供。
- 单个遗址外貌（坟龙里）：作者提供。
- 石矿复绿后的北部山脉：作者提供。
- 良渚古城布局图：良渚博物院提供。
- 古城铜质模型：晨星摄。
- 小莫角山标识展示：良渚古城遗址公园提供。
- 钟家港石钺毛坯：浙江省文物考古研究所提供。
- 模拟作坊场景：良渚古城遗址公园提供。
- 反山墓坑复原：良渚古城遗址公园提供。
- 琮王：浙江省文物考古研究所提供。
- 钺王：浙江省文物考古研究所提供。
- 神徽：浙江省文物考古研究所提供。
- 祭坛观相图：作者提供。
- 瑶山景区：良渚古城遗址公园提供。
- 南城墙铺垫石：良渚古城遗址公园提供。
- 古城水系图：浙江省文物考古研究所提供。
- 水门：良渚古城遗址公园提供。
- 老虎岭坝区：浙江省文物考古研究所提供。
- 草裹泥标本：浙江省文物考古研究所提供。
- 老虎岭景区场景：良渚古城遗址公园提供。
- 良渚博物院外景与内景：良渚博物院提供。
- 良渚申遗文本：良渚博物院提供。

景迈山：全球首个茶主题世界遗产

- 景迈山云海：陈凯摄。
- 芒景上下寨-芒洪古茶林：邹怡情摄。
- 峰神树：陈凯摄。
- 糯岗老寨：陈凯摄。
- 翁基寨：陈凯摄。
- 傣族（芒埂）和布朗族（翁基）村寨平面布局对比：《景迈山建设活动导则》项目组绘制。
  翁基寨心：作者摄。
- 芒景上寨公主榕寨门：陈凯摄。
- 布朗族和傣族传统民居结构轴测图：引自《景迈芒景景区村寨民居结构加固与选型导则》，云南科技出版社，2017年。
- 布朗族和傣族传统民居屋脊装饰：陈凯摄。
- 茶魂台：陈凯摄。
- 祭祀茶祖活动：陈凯摄。
- 布朗族茶魂树：陈凯摄。
- 布朗族烤茶：作者摄。
- 管理机构体系示意图：《景迈古茶园文物保护规划》项目组绘制。
- 相关规划及技术文件：作者提供。
- 与村民沟通规划方案：郑高亮摄。
- 景迈大寨：陈凯摄。

北京中轴线：纵贯古今的城市脊梁

- 北京中轴线鸟瞰：马文晓摄。
- 元大都建设时序：作者绘。
- 故宫前三殿：金东俊摄。
- 社稷坛祭坛与拜殿：金东俊摄。
- 太庙享殿：金东俊摄。
- 景山绮望楼与万春亭：金东俊摄。
- 景山寿皇殿：金东俊摄。
- 正阳门城楼、箭楼与毛主席纪念堂：金东俊摄。
- 天坛祈年殿：金东俊摄。
- 《考工记》中的都城格局复原图：引自《考工记图》。
- 申遗文本中遗产构成要素及其对应的类别、属性与价值特征：作者绘。
- 永定门及御道遗存：金东俊摄。
- 《北京中轴线保护管理规划（2022年—2035年）》封面：作者提供。
- 《北京中轴线申遗文本》封面：作者提供。

出版后记

如果将中国加入《保护世界文化和自然遗产公约》视为中国开始正式参与世界遗产的申报工作，今年恰逢申遗40周年。截至2025年，我们已经拥有了60项世界遗产，其中世界文化遗产41项、世界自然遗产15项、世界文化和自然混合遗产4项，世界遗产数量位居全球第二（意大利61项）。作为地大物博、文化多元的文明古国，中国有望列入世界遗产的项目还有很多。

然而，回望中国的申遗之路可谓走过了千山万水。在20世纪八九十年代，学界对是否要申遗还展开了激烈的讨论。在申遗之初，也因为保护理念的差异而困难重重。比如因为西方的建筑多为砖石结构，人们认为中国对木构建筑的修缮破坏了原来的遗产价值，文物部门不得不一次次地到世界遗产大会去解释、传达中国的保护理念。随着越来越多的项目被列入世界遗产，国内也涌现了"申遗热"。因此，申遗不仅是让世界了解中国的过程，也是让大众更好地了解、读懂世界遗产的过程。

本书策划的初衷即帮助读者理解中国的世界遗产，其主要内容来自艺旅文化与清源文化遗产联合打造的视频课"世遗巡礼——走进中国的世界遗产"（内容主要为世界文化遗产），在实际成书过程中对各遗产地进行了筛选与增补。策划时考虑到列入世界遗产的时间，从最早的1987年首批世界遗产到2024年列入的北京中轴线；同时考虑到了遗产本身的年代，如距今5 000年的良渚古城遗址到近代的鼓浪屿，时间跨度长达数千年。本书遗产的覆盖范围，跨越了大半个中国。不仅有蜿蜒万里的长城，还有贯穿五条大川的大运河。遗产类型更是丰富多元，有建筑奇迹、江南园林、古城遗址、绝壁岩画、美丽海岛、高原茶山……共同构成了中国文化多样性的宏伟画卷。

书中的很多遗产地都是著名的旅游景区，比如长城、庐山、乐山大佛、苏州园林、鼓浪屿等，如果没有专家的解读，常人很难真正看懂它们的价值。我们邀请文化遗产领域的专业研究者重新撰稿，他们大多参与了申遗的过程，为读者精准提炼遗产地的核心价值、深度解析其独特的看点。相信读者们读完这本书后，会想再去一次这些遗产地。

除了对遗产价值的充分阐释，我们还特别邀请作者增加了申遗故事。读者可以了解到申遗背后那些不为人知的精彩故事，了解到申遗团队乃至公众在其中付出的种种努力。比如最初想以混合遗产申报，最终以"文化景观"身份列入的沮丧，再比如项目成功列入后代表团遭遇当地政变的紧张，又比如国际专家考察前夕突遇超强台风、公众参与保护的温暖故事……可以说，这本书不仅保留了原来视频课程中的精华，同时也有了一定的差异。最后，我们还增加了拉页，以便读者完整地了解中国已列入世界遗产的项目概况。

愿更多人读懂并保护我们的世界遗产！

中信出版·大方
2025 年 7 月 16 日

中国的世界遗产 1

世界文化遗产（41项）

*长城
列入世界遗产时间：1987年
符合标准：(i)(ii)(iii)(iv)(vi)
遗产分布：黑龙江省、辽宁省、吉林省、河北省、河南省、北京市、天津市、山西省、山东省、内蒙古自治区、陕西省、宁夏回族自治区、甘肃省、青海省、新疆维吾尔自治区

长城是中国古代的军事防御工程，跨越多个省份，始建于春秋战国时期，后经秦、汉、明等多朝修缮和扩建。它反映了中国古代农耕文明和游牧文明的相互碰撞与交流，是中国古代高超的军事建筑建造技术和建筑艺术的杰出范例。

莫高窟
列入世界遗产时间：1987年
符合标准：(i)(ii)(iii)(iv)(v)(vi)
遗产分布：甘肃省敦煌市

莫高窟位于甘肃省敦煌市，始建于公元366年，连续建造一千多年，历经十六国、北朝、隋、唐、五代、宋、西夏等历代的兴建，形成巨大的规模，现存洞窟735个。莫高窟以其雕像和壁画闻名于世，展示了延续千年的佛教艺术。

1987

明清皇宫（北京故宫、沈阳故宫）
列入世界遗产时间：北京故宫1987年，沈阳故宫2004年（扩展）
符合标准：(i)(ii)(iii)(iv)
遗产分布：北京市东城区、辽宁省沈阳市

北京故宫是中国明清两代的皇家宫殿，旧称紫禁城，是中国古代宫城发展史上的最高典范。沈阳故宫是清王朝在中国东北地区创立和发展的见证，以满族独特的社会组织"八旗"制度为依据的建筑布局，独树一帜。

周口店北京人遗址
列入世界遗产时间：1987年
符合标准：(iii)(vi)
遗产分布：北京市房山区

周口店北京人遗址位于北京市房山区，是中国重要的旧石器时代遗址之一。这里发现了直立人、晚期智人等大量的化石和文化遗物，为研究人类起源和发展提供了珍贵的实物证据。

秦始皇陵及兵马俑
列入世界遗产时间：1987年
符合标准：(i)(iii)(iv)(vi)
遗产分布：陕西省西安市

秦始皇陵是中国历史上第一个皇帝嬴政的陵寝，兵马俑坑是秦始皇陵的陪葬坑，被誉为"世界第八大奇迹"。它展示了秦代的军事、政治、经济、文化、科学和艺术等方面的成就。

曲阜孔庙、孔[
列入世界遗产时[
符合标准：(i)(iv)[
遗产分布：山东[

孔庙为纪念[
过100座殿堂的[
的墓地，孔府是[
现了儒家文化的[
杰出代表。

---

1 标记*的为本书涉及遗产。

世界自然遗产（15 项）

九寨沟风景名胜区
列入世界遗产时间：1992 年
符合标准：(vii)
遗产分布：四川省阿坝藏族羌族自治州九寨沟县

黄龙风景名胜区
列入世界遗产时间：1992 年
符合标准：(vii)
遗产分布：四川省阿坝藏族羌族自治州松潘县

武陵源风景名胜区
列入世界遗产时间：1992 年
符合标准：(vii)
遗产分布：湖南省张家界市

云南三江并流保护区
列入世界遗产时间：2003 年
符合标准：(vii)(viii)(ix)(x)
遗产分布：云南省丽江市、保山市、迪庆藏族自治州、怒江傈僳族自治州、大理白族自治州

四川大熊猫栖息地
列入世界遗产时间：2006 年
符合标准：(x)
遗产分布：四川省雅安市、阿坝藏族羌族自治州、甘孜藏族自治县、成都市

中国南方喀斯特
列入世界遗产时间：云南省石林县、贵州省荔波县、重庆市武隆区 2007 年，广西壮族自治区桂林市、贵州省施秉县、重庆市南川区（金佛山）、广西壮族自治区环江毛南族自治县 2014 年（扩展）
符合标准：(vii)(viii)
遗产分布：云南省昆明市，贵州省黔南布依族苗族自治州，重庆市，广西壮自治区桂林市、河池市，贵州省黔东南苗族侗族自治州

三清山国家公园
列入世界遗产时间：2008 年
符合标准：(vii)
遗产分布：江西省上饶市

中国丹霞
列入世界遗产时间：2010 年
符合标准：(vii)(viii)
遗产分布：广东丹霞山、湖南崀山、浙江江郎山、江西龙虎山、福建泰宁、贵州赤水。

澄江化石遗址
列入世界遗产时间：2012 年
符合标准：(viii)
遗产分布：云南省玉溪市澄江市

新疆天山
列入世界遗产时间：2013 年
符合标准：(vii)(ix)
遗产分布：新疆维吾尔自治区阿克苏地区、昌吉回族自治州、巴音郭楞蒙古自治州、伊犁哈萨克自治州

湖北神农架
列入世界遗产时间：2016 年
符合标准：(ix)(x)
遗产分布：湖北省神农架林区

青海可可西里
列入世界遗产时间：2017 年
符合标准：(vii)(x)
遗产分布：青海省玉树藏族自治州治多县、曲麻莱县

梵净山
列入世界遗产时间：2018 年
符合标准：(x)
遗产分布：贵州省铜仁市

中国黄（渤）海候鸟栖息地
列入世界遗产时间：江苏省盐城市 2019 年，上海崇明东滩、山东东营黄河口、河北沧州南大港、辽宁大连蛇岛—老铁山和辽宁丹东鸭绿江口 2024 年（扩展）
符合标准：(x)
遗产分布：江苏省盐城市、上海市崇明区、山东省东营市、河北省沧州市、辽宁省丹东市、辽宁省大连市

巴丹吉林沙漠—沙山湖泊群
列入世界遗产时间：2024 年
符合标准：(vii)(viii)
遗产分布：内蒙古自治区阿拉善盟

世界文化与自然混合遗产（4 项）

泰山
列入世界遗产时间：1987 年
符合标准：(i)(ii)(iii)(iv)(v)(vi)(vii)
遗产分布：山东省泰安市、济南市

黄山
列入世界遗产时间：1990 年
符合标准：(ii)(vii)(x)
遗产分布：安徽省黄山市

＊峨眉山—乐山大佛
列入世界遗产时间：1996 年
符合标准：(iv)(vi)(x)
遗产分布：四川省峨眉山市、乐山市

武夷山
列入世界遗产时间：1999 年
符合标准：(iii)(vi)(vii)(x)
遗产分布：福建省南平市武夷山市、江西省上饶市铅山县